新任3年目 までに身につけたい

「超」教師術！

中嶋郁雄 著

学陽書房

はじめに

　ベテラン教師の大量離職により、新規採用者が年々増加しています。教師を目指す若い人にとっては、チャンス到来の時代がやってきたと言えるでしょう。
　ところが、希望がかない、教壇に立つことができたにもかかわらず、自ら教職を離れていく若い人が、年々増加していることが、文部科学省の調査で明らかになりました。大量採用の時代ですから、離職する人が増えるのも当然なのかもしれません。しかし、生涯をかけて教師として歩みたいと夢見て教職についたにもかかわらず、わずか1〜2年足らずで、その夢をあきらめざるを得ない状況になってしまった人が、かなりな数にのぼると考えられます。
　子どもの指導や保護者への対応が難しくなり、調査や報告書類の増加によって、教師の仕事は、多忙を極めるようになりました。世間の学校に対する要望が厳しくなり、経験年数に関係なく、どの教師にも、高い学級経営力や授業力が求められるようになりました。大量離職の時代を迎え、若い教師を指導したり、相談にのってくれたりするベテラン教師が減ってきたことも、若い教師を苦しめる原因になっていると考えられます。
　こうしてみると、若い教師にとっては、「受難の時代」のようにも思われますが、視点を変えれば、厳しい環境の中、ベテランも少ないことで、早い時期から学校の重要な仕事に携わることができます。中心となって学校を動かすことができる立場になります。ひと昔前の若い教師とは異なり、今の若い教師は、さまざまな面で周囲から期待されているのです。加えて、同

じ世代の仲間も大勢いて、学校経営や授業、学校運営について、相談し合い、互いに切磋琢磨しながら力量を上げることも可能になります。

　これからは、若い教師にとって、まさに「チャンスの時代」と言えるのです。このチャンスを生かすためには、もちろん教師に必要な仕事術を身につけていく努力が必要です。そして何より、教師として人生を歩む気概をもつことが必要です。この、教師として必要な基礎は、新任から3年でかたちづくられると言っても過言ではありません。「三つ子の魂百まで」とはよく言ったものです。教師になって最初の3年間をどのように過ごすかで、その後の教師人生が大きく変わります。

　教師は素晴らしい仕事です。未来を創る子どもたちを育てるという、とてつもなく大きな夢のある仕事です。教師の仕事に誇りをもち、充実した教師人生を歩むための一助として、本書を活用していただければ光栄です。

　　2014年 秋

　　　　　　　　　　　　　　　　　　　　　　　　　中嶋郁雄

contents

はじめに…………………3
Introduction──すてきな教師人生を歩むあなたへ………………9

Chapter 1　牽引術

●担任とは学級のリーダーである！………………16
　①新任1年目でも教師は教師………………18
　②子どもの前で年齢や経験は関係ない………………20
　③教師の影響力の大きさを意識する………………22
　④目指すは「好かれる」ではなく「信頼される」………………24
　⑤徹底すべきは「あいさつ」「返事」「言葉づかい」………………26
　⑥教える者と教わる者の明確化………………28
　⑦若い時こそ子どもと距離をとる………………30
　⑧迷いや失敗をとことん生かす………………32
　⑨教師だからこそ「師」をもつ………………34
　⑩充実した教師の姿が子どもの成長を引き出す………………36
　◎column1◎教師の姿勢を教えてくれた鬼教頭………………38

Chapter 2　経営術

●バランスを大切にした指導で
　子ども同士をつなげる！………………40
　①学級びらきは担任主導と速攻性………………42

contents

　②学級ルールの最終決定責任者は担任…………44
　③子どものチャンスを平等に保障する…………46
　④「あの子はこんな子……」が間違いの始まりに…………48
　⑤「根本」こそを大切に…………50
　⑥「迎えにいく」話術をみがく…………52
　⑦あえて子どもに「失敗」をさせる…………54
　⑧休み時間は子どもとの時間…………56
　⑨学級通信と保護者会の工夫が効果を上げる…………58
　⑩学校すべての子どもに目を配る…………60
　◎ column2 ◎ **今も誇りに思うこと**…………62

Chapter 3　授業術

●学力を伸ばし、学びの充実感を保障する授業者に！…………64
　①教材研究はとことん…………66
　②あなどるなかれ、指導案…………68
　③さまざまな授業形態を効果的に使う…………70
　④「強制」が授業の基本であることを理解する…………72
　⑤優れた授業こそ「学習のきまり」が徹底…………74
　⑥学習進度を徹底チェック…………76
　⑦学ぶのは子ども…………78
　⑧緊張と弛緩で学習効果アップ…………80
　⑨スキルアップは「ねらい」を中心に…………82

⑩先輩に授業を見てもらい、見せてもらう……84
◎ column3 ◎「誰のためにやっているの？」……86

Chapter 4　ダンドリ術

●できる教師は時間使いのエキスパート！……88
①まずは1年間の仕事を把握する……90
②職場に着いたら、すぐ仕事……92
③仕事の少量化はデータの再利用で……94
④「遮断する力」の威力……96
⑤「余裕」の計画を……98
⑥「子どもが動く」学級づくりが教師を助ける……100
⑦説明・指示の無駄を省く……102
⑧欠席した子がいても授業が遅れないコツ……104
⑨ノートチェックや採点は「すきま時間」がカギ……106
⑩オンとオフの切り替え上手に……108
◎ column4 ◎仕事のやり方の根本を考えるきっかけになった出来事……110

Chapter 5　関係術

●トラブルは一人で抱え込まなくていい！……112
①職員室は人材の宝庫……114
②チーム力を使ってこその学校教育……116

contents

③職場の雰囲気づくりの核になる…………118
④誠実さが人間関係の基礎…………120
⑤「担任理解」に力を尽くす…………122
⑥「教えてください！」で伸びる教師に…………124
⑦スキルアップは他者との融合あってこそ…………126
⑧研究サークルをつくろう…………128
⑨社会の変化や動きに目を配る…………130
⑩時間がなくても読書に励む…………132
◎column5 ◎チームの大切さに気付いた瞬間…………134

Chapter 6　対応術

●保護者は教師の最強パートナー！…………136

①トラブルは起こって当然…………138
②「予兆」をとらえる…………140
③先手必勝で事態好転…………142
④子どものケンカは両成敗…………144
⑤前任者からの情報収集は必須…………146
⑥保護者との連携が子どもを守る…………148
⑦クレーム対応は労を惜しまず…………150
⑧難しい保護者の対応は学校組織力で…………152
⑨勤務校の危機管理体制を熟知しておく…………154
⑩マスコミの報道は冷静に受け止める…………156
◎column6 ◎受け入れることこそが最大の防御…………158

Introduction
すてきな教師人生を歩むあなたへ

● ……… **確かな教育観に根ざした教育を**

　かつて教師の仕事は、「聖職」と言われていた時代がありました。
　地域の人々に尊敬の眼差しで迎え入れられ、人々から「先生」と慕われました。未来ある子どもを立派な人間に導き育てる者としての責任感に満ちて、人を教え導く者として、常に自ら学び、自分を律し、誠実に振る舞い、教職に誇りをもって教壇に立っていました。
　本来、教師とは、誇り高い仕事であり、社会に対して相応の責任を負う仕事です。困難は大きくても、それを凌駕する充実感を得ることができる。それが教師という仕事です。

　教師は、人が人生の中でもっとも多感で著しく成長を遂げる子ども時代に関わり、人として大切なことを教え導いていきます。

教師が身につけてきた人生観や価値観は、教育観と密接に結びついています。子どもと接するあらゆる場面で、教師の価値観や教育観が、子どもへの指導にあらわれます。

　子どもは純粋で素直です。「三つ子の魂百まで」と言われますが、幼い子どもの頃に刻み込まれた習慣や価値観は、その後の人生に大きく影響します。教師の指導が、子どもの人格形成に大きく影響をあたえるのです。教師は、未来ある子どもを教え育てるという畏れ多い仕事をしているのです。ですから、

「人を教える者として、どのように生きるべきか」

といった根本まで突き詰めて考えなくてはなりません。日々の真剣な実践と努力によって形成された教育観と教育信念に基づいて指導に当たることが、子どもの人格形成に大きく影響をあたえる者としての責任です。

　子どもの価値観の形成・人格形成に大きな影響をあたえる畏れ多い仕事だからこそ、豊かな人生観と確かな教育観を身につけて、高い志をもって子どもの指導に当たらなくてはなりません。信念を貫いて子どもに接すれば、どんなに些細な言動も見逃さずに指導することができます。多少の批判やクレームさえも、自身の信念が試される貴重な場として受け入れることができます。

　「教師とは何か」「教育とは何か」……常に考えながら、子どもの指導に当たるようにしましょう。教室で行われる教育は、教師であるあなたの強い信念を核にして進められるものなのですから。

●………何事も前向きに考える教師で

　何をするにもいつもニコニコ笑って生活をおくっている教師が

います。人が避けるような仕事を進んで引き受け、「つらいだろうな」と思うことも、平気な顔をしてやり遂げてしまいます。そのような人は、子どもから人気があり、保護者の信頼も篤く、同僚からも好かれています。

　反対に、何に対しても不平を口にし、暗い顔で教師生活をおくる人がいます。嫌な仕事から逃れ、負担のかかることは一切やろうとしません。そのような人は、子どもや保護者の信頼を得るどころか、小さなことに喜びを見出したり、心から楽しいと思うことに出会うことはないでしょう。

　同じ教師でありながら、両者の違いは、いったいどこからきているのでしょうか。それは、「**心もち**」が異なるということです。

　人は、心もちひとつで、幸せにもなれば不幸にもなります。同じものを食べても、「なんて美味しい！　ありがたい」と感じるか、「もっと美味しいものはないの？」と感じるかの違いです。どちらが幸せで、将来伸びる人なのかは、言わずもがなです。

　些細なことに感動し、教えを素直に受け入れ、感謝の気持ちをもつことのできる人は、前向きな人です。さまざまなことにチャレンジして、常に努力を続けることのできる人です。こういった人は、間違いなく、充実した教師人生を送ることでしょう。

　子どもにしても、毎日目標をもって生き生きと充実した生活をおくっている教師に教えてほしいはずです。ドイツの教育学者、ディースターヴェークの言葉に、

　「進みつつある教師のみ、人を教える権利あり」

という名言がありますが、自分の人生にとっても、目の前の子どもたちのためにも、前向きに学び続ける教師であり続けたいものです。

●…………子どもを信じる教師になる

　近年、やけに子どもに理解ある親や教師が増えているように思えてなりません。何かあると、すぐに子どもの「よき理解者」になって、
　「子どもがかわいそう」
　「そんなに無理をさせなくても」
　「子どもの気持ちになってみて」
と、子どもを守るばかりの大人の何と多いことでしょう。
　しかし果たして、それが、本当に子どものためになっているのでしょうか。その場の苦しさから逃れた子は、いったいいつになったら苦しさを克服し、困難に立ち向かう力を身につけることができるというのでしょう。
　子どもの気分次第で理屈の通らない言い分や、困難から逃れるための言い訳を大人が許し続ければ、将来困るのは、その子自身なのです。
　本当に子どものためを思っているのなら、たとえその時は、子どもに疎まれようとも、嫌われようとも、やらせなくてはならないことがあります。心を鬼にして、困難に立ち向かわせなくてはならない時もあります。生きていくために必要な力をつけてやることが、本来あるべき親の姿、そして、教師の役割なのです。
　元来子どもは、強くしなやかな精神の持ち主です。ちょっとやそっとでは、びくともしません。打たれても次の瞬間には立ち直ってしまいます。
　一生懸命がんばっている姿に、思わず手を差し伸べたくなるこ

ともあるでしょう。「もういいよ」と、やめさせたくなることもあるかもしれません。しかし、子どもを信じることです。信じて見守ることです。信じることが、子どもがもっている本来の力を引き出すことになるのです。

　困難に打ち克った子どもの成長を目の前にした時、きっとあなたは、教師という仕事の素晴らしさを実感することでしょう。

●………教師ほど素晴らしい仕事はない

　あなたの教師人生は、まだ始まったばかりです。失敗して当たり前。うまくいかなくて当たり前です。だからこそ、努力のしがいがあります。伸びしろもうんとあるのです。そのことは何よりも、あなたの目の前にいる子どもたちが、教えてくれているではありませんか。分からなければ、聞けばいい。悩みがあれば、素直に吐き出せばいいのです。

　「自分は教師だから」「完璧でなければならない」などと思うこと自体、間違っています。人を教える教師であれば、なおさらです。「分からないから学ぶ」「できないから努力する」のです。人として当たり前の姿勢を、子どもに伝えてください。それが「謙虚」ということです。それが「誠実」ということです。他人の評価など気にせずに、子どもや保護者と真剣に向き合ってみてください。苦しいこともあるでしょうが、きっとそれ以上に素敵なプレゼントを、あなたに返してくれるはずです。

　充実した素晴らしい教師人生を送るためには、教師になってから３年目までが勝負です。最初の３年で、心構えや責任感、そして子どもを教えることの素晴らしさとその具体的理解といった、

教師として必要な基礎ができあがります。「本物の教育者を目指して努力した人」と、「そこそこで仕事をしてきた人」とでは、3年後に目に見える差こそ現れません。しかし、その後の伸びが格段に変わってきます。前向きさ、謙虚さ、誠実さといった「教師に必要な土台」が大きく異なっているからです。

その土台をつくるための一助として、**「牽引術」「経営術」「授業術」「ダンドリ術」「関係術」「対応術」**という教師の仕事に必要不可欠な6つの技術を身につけるコツを記しました。また、現場ですぐに実践できる3ステップ形式でのワンポイントアドバイスを、それぞれ分かりやすく付しておきました。教師の基礎力を高めるヒントとして、是非とも役立ててください。

「教師をやっていてよかった！」
そう思える人生を歩まれることを、心から願っています。

Chapter 1

牽引術

担任になったその日から、あなたはクラスのリーダーです。
子どもたちをまとめてクラスを統率し、
牽引していくリーダーシップを身につけましょう。

Chapter 1 牽引術
担任とは学級のリーダーである！

> 経験や年齢に関わらず、子どもたちの前に立った瞬間から、教師は子どもを指導する立場におかれます。担任になれば、クラスを統率し、自信をもって牽引しなければなりません。

　担任としてクラスを任された瞬間から、教師はクラスのリーダーとしての自覚をもって、子どもの前に立たなくてはなりません。学級を統率し、子どもを指導するためには、担任のリーダーシップが必要不可欠です。確かな力量をもった担任というリーダーの下でこそ、学級はより質の高い集団として機能し、子どもたちは個々の力を十二分に発揮しながら成長することができるのです。

　若く経験が少ないうちは、自信がもてず、子どもの前に立つだけでも不安になってしまうかもしれません。しかし、それはこちら側の事情であって、子どもにとってはまったく関係のないことです。ベテラン教師も若手教師も、どちらも同じ担任なのですから。むしろ、若手にはベテランにはない活力とパワーがあります。また、子どもに近い感覚で物事をとらえることもできます。教師として子どもの前に立つことを認められ、担任として一つの学級を任されたことに自信をもちましょう。

　「私は、あなた方の担任だよ。リーダーの私についてきなさい！」

　そう胸を張って堂々と子どもの前に立てばいいのです。その自信が威厳を生み、頼りにされる存在に映り、子どもや保護者の信頼へとつながるのです。

　ただし、忘れてならないのが、授業論や生徒指導の技術、教育観や児童理解など、教育のプロとして必要な力量・技術を身につけなくてはならないということ。ドイツの教育学者、ディースターヴェークは、

　「進みつつある教師のみ、人を教える権利あり」

と言っています。子どもに学びと成長を望むのであれば、まずは教師が率先してその姿を見せるべきです。それがリーダーの義務であり、自ら率先して努力する姿勢を貫いてこそ、子どもや保護者の信頼を得ることになり、教師を続けていく上での自信にもなります。

 残念な状況

＊自信なく子どもの前に立つと、リーダーとしての資質が疑われる。

 目指すべき姿

＊安心感をあたえることで、リーダーとして迎え入れられる。

Chapter 1 牽引術 ① 新任1年目でも教師は教師

子どもたちの前に立った瞬間から、すでにあなたは「教師」として見られています。子どもにとっては、あなたの経験年数はまったく関係ありません。

★………笑顔で安心させる

　もし、教師のあなたが不安な顔をしていたらどうでしょう？　きっと子どもたちも不安な気持ちになることでしょう。いつも自信なさそうに、不安な表情でいる教師を信頼し、好きになる子はいません。

　時には不安になることもあるでしょうが、子どもの前では、意識的に明るくはつらつとして、自信あふれる態度をとるように心がけましょう。何と言っても、子どもは教師の鏡です。あなたの明るい笑顔が、子どもに安心感をあたえます。

★………堂々とした態度で

　相手が子どもであっても、大勢の目の前に立つ時は緊張します。慣れない間は、反応の良い子の目ばかり見て話をしたり、壁や床に目を向けて話をしたりしがちになります。しかし、それでは暗く、頼りない印象をあたえてしまいます。子ども一人ひとりを見ながら、噛みしめるようにゆっくり話しかけましょう。子どもの前に立つ時の緊張感は、教師だけが味わうことのできる特権なのです。その喜びを噛みしめて、堂々と子どもたちの前に立ちましょう。

★ 教師の誇りをもつ

　学校教育は、子ども一人ひとりがより良く生きていく力の基礎をつくるという他にも、将来社会を背負って立つ人間を育てるという大きな責任も負っています。

　学級担任は、現場の最先端で、直接子どもたちと関わりながら、学校教育が負っている責務を実現していくことのできる、重要でやりがいのある素晴らしい仕事です。未来を背負って立つ人間を育てるという、教師の仕事に誇りをもちましょう。

＊子どもの前では堂々と。笑顔と元気で、子どもに安心感を！

＋one point！

Step 1 とにかく、子どもの側にいるようにしましょう。とくに休み時間は必ず子どもと一緒に過ごすように努めます。

Step 2 笑顔で教室に入りましょう。悩みごとがあっても、つらくても、子どもと一緒にいる時は、とにかく笑顔が基本です。

Step 3 保護者に、若さ、元気さに加えて、プロとしてのやる気を見せます。教科指導や生活指導で「さすが！」と言われるように。

Chapter 1 牽引術❷ 子どもの前で年齢や経験は関係ない

経験年数が少なく未熟だからと特別扱いしてくれるわけではありません。常にプロ意識をもって、リーダーの資質を高めていくことが、子どもや保護者を安心させます。

★………理想を描き、力量を身につける

集団の力はトップの力量で決まります。集団のトップに立つ者は、自身の理想や夢をしっかりと描き、それを実現するために、指導力を発揮できなくてはなりません。

担任はクラスのトップです。指導者としてどのような集団にしたいのかをしっかり思い描き、その理想に現実を近づけていくための指導技術を身につけることが必要です。

★………責任は自分という意識を

「クラスの力は担任の力量で決まる」という意識をもっていれば、自分が教師・担任として何をしなくてはならないのかが具体的に見えてきます。それには、まずは「クラスのさまざまなトラブルは、自分に至らないところがあるからだ」と、謙虚に現実を受け止める姿勢からスタートしましょう。責任を子どもや保護者に求めるのではなく、自分の非力を受け入れ、自分自身がしっかり受け止めるところから、教師・担任としてのスキルアップが始まります。

★……… 目で伝える指導力を

　子どもは、教師の表情の変化に敏感です。こちらの表情が険しくなったことに気付くと、何となく「まずい」と感じて教室が静かになったり、反対に担任が微笑んでいるのを確認すれば、「まだ大丈夫」と感じて、おしゃべりを続けたりします。

　「目は口ほどに物を言う」のです。多くを語らなくても、目で気持ちを伝えることのできる関係性を子どもたちと築き、指導することのできる技術を身につけたいものです。

＊理想を実現するために、リーダーの資質を高める必要がある。

＋one point！

> **Step 1** いつまでもおしゃべりがやまなかったり、担任の説明などを聞いていなかったりしたら、何も言わずに静かに待ちます。
>
> **Step 2** 指示は、必要最小限にするよう努力しましょう。単純で明確な指示が、教師の力量を高めます。
>
> **Step 3** 日頃から表情豊かに子どもに接するようにします。表情だけで教室の空気を変えられる努力をしましょう。

Chapter1 牽引術 ③ 教師の影響力の大きさを意識する

小学校の担任は、勉強を教えるだけでなく、生活態度や仲間づくりなど数々の活動を通して、子どもの人格形成に大きな影響をあたえます。教えることの「畏れ」をもちましょう。

★………些細な場面こそ大切に

　当然のことですが、教師が子どもを指導する場面は、数えればきりがないほどあります。そして、「これは指導すべきことかどうか？」という些細な場面が、子どもと生活しているとたくさんあることに気付きます。じつは、「これは？」という場面に出会った時こそ立ち止まり、しっかり指導観を確認することが大切なのです。そして、そのような場面に遭遇したら、チャンスです。必ずメモなどに記録しておいて、あとで自分の指導が良かったか否かを考えるようにしましょう。

★………ゴールをイメージする

　例えば、活発に意見交流ができる自由な雰囲気のクラスをイメージすれば、子どもたちが触れ合う機会を多く設けたり、特定の友達ばかりと活動する子の指導を考えたりと、日々の指導に具体的に表れるはずです。ですから、どのようなクラスをつくりたいのか、どのような子どもに育てたいのかを、しっかりイメージしておくことが大切です。1年後に、自分のクラスをどのように変容、成長させたいのかを、できる限り具体的にイメージし、それを目指しながら日々の指導を考えなくてはなりません。

★……… 教えることに畏れを抱く

　子どもに指導を行う時、すべて自分（担任）の価値基準に従って指導しなくてはなりません。つまりこれは、自分の価値を子どもに植え付けるということにほかなりません。よく考えれば、これはたいへん畏れ多いことです。だからこそ、教師は、常に、的確な基準に従って指導できたかどうかを振り返る必要があります。教師は、子どもへの影響力の大きさをしっかり認識して、「未熟で吸収力のある子どもを教える畏れ」を忘れず、気を引き締めて指導に臨まなくてはなりません。

＊教師の意識、価値基準が、子どもやクラスの成長に影響する。

＋one point！

Step 1 他の教師の指導方法を観察して、良いと思うものは、自分の指導に取り入れていきましょう。

Step 2 子どもを指導したあとで、自分が子どものどのような態度に不快感や違和感を抱いたのかを確認しておきましょう。

Step 3 指導したあとの子どもの変容を観察しながら、教師の影響力の大きさを感じ取りましょう。

Chapter1 牽引術 ❹ 目指すは「好かれる」ではなく「信頼される」

> 子どもを伸ばす教師は、信頼されます。好かれることばかりを意識しては、子どもを伸ばすことはできません。子どものために、厳しくしなくてはならないこともあります。

★……… 友達意識から脱却する

　若い教師にありがちなのが、「子どもと仲よくなりたい」という考え方です。気持ちはよく分かりますが、気を付けなくてはなりません。

　教師は子どもと対等ではありません。子どもが悪さをしたら叱り、できないことは指導しなくてはなりません。たとえ、嫌な顔をされても、不平を言われても、教え導かなくてはなりません。万が一、それで気まずくなっても、一時的なものです。子どもは、悪いことは悪いと指導してくれる教師に信頼をおきます。子どもにおもねり、人気を得ようといい顔ばかりする教師は、結局、バカにされてしまいます。

★……… 本気でぶつかる

　子どもが、人として誤ったことをしたら、本気で指導しなくてはなりません。もしも、我が子が人の道を外れる行いをすれば、親は本気になって怒ります。それは、自分の子どもを愛しているからです。子どものためを思うなら、厳しくしてでも真剣に指導しなくてはなりません。本気でぶつかれば、気持ちが伝わります。そして、真剣になって自分のことを叱ってくれる教師を、子どもは信頼します。反対に、叱るべきところで叱らない教師を、子どもは絶対に信頼しません。

★……… 平等・公平が信頼を得る

　子どもは、教師に平等さと公平さを求めます。好き嫌いにかかわらず、どの子どもにも平等・公平に対応する教師は、その一点だけで、子どもからの信頼度がアップします。子どもに好かれようと意識しすぎると、かえってその行動が、他の子には「ひいき」と映ることも多々あります。

　優しいけれど特定の子どもに対して「ひいき」を感じさせてしまう教師より、厳しくても誰にでも平等・公平である教師の方が、子どもからの信頼は絶大です。

＊子どものために本気になる教師は、必ず信頼される。

＋one point！

Step 1 学級集団という「群れ」の中で、担任はボスでなくてはなりません。「私がトップ」という自覚をもちましょう。

Step 2 些細なことでも間違ったことをしたら、必ずその行いをした子を叱りましょう。絶対にやり過ごしてはいけません。

Step 3 優しい言葉で指導できるよう工夫しましょう。怖い態度でしか指導できないのは、まったくの技術不足だと思いましょう。

Chapter1 牽引術⑤ 徹底すべきは「あいさつ」「返事」「言葉づかい」

> 「あいさつ」「返事」「言葉づかい」は、社会生活を円滑に送るための基本中の基本です。子どもに、しっかり指導して、人間関係を築く基礎力を育てましょう。

★……教師から積極的なあいさつを

　子どもより先に、教師から「おはよう」「さようなら」とあいさつをするようにします。すると、大方の子は、あいさつを返します。もし、あいさつを返さない子がいれば、あいさつが返ってくるまで、「おはよう」「さようなら」と繰り返します。これで、あいさつを返さない子は、まずいません。

　毎日繰り返すことで、あいさつを交わすのが当然という雰囲気になり、自ら率先してあいさつをする子が増えてきます。

★……あらゆる場面で返事の指導を

　名前を呼ばれても、目を向けるだけで「はい」という返事ができない子がたくさんいます。相手に返事をしないのは、失礼な態度です。

　名前を呼ばれたら、すみやかに「はい」と返事ができるように指導を徹底しましょう。例えば、テストや学習プリントを返す時です。必ず一人ひとり名前を呼び、返事をするまでやり直しをさせます。授業中も、名前を呼ばれたら必ず返事をして立つように指導します。子どもが返事をしないのに、授業を進めてはいけません。

★ 礼儀のない言葉づかいは厳しく指導

　教師に対して敬語がつかえない子はまだましな方で、友達のような言葉づかいや暴言を吐く子もいます。あなたが若くても、子どもが大人に対して乱暴な言葉をつかっていいはずはありません。ましてや師弟の関係です。

　礼儀を欠いた馴れ馴れしい言葉づかいや、教師をバカにしたような言葉づかいには敏感になり、少しでもおかしいと思ったら厳しく指導をするようにしましょう。「教わる者」に必要な謙虚さを教えるためにも、言葉づかいを指導することは重要です。

＊言葉づかいの指導に気をゆるめてしまうと、教師の威厳が失われる。

＋one point！

Step 1　どんなに気分がのらない時でも、同僚や子どもに出会ったら、笑顔で元気なあいさつをするように心がけましょう。

Step 2　返事がないのに、授業を進めてはいけません。教師のわずかな気のゆるみが、一貫性を欠く指導につながってしまいます。

Step 3　礼節を欠いた言葉には、「先生はあなたの友達ではありません！」と、冷たさを感じさせるくらい厳しく指導します。

Chapter1 牽引術❻ 教える者と教わる者の明確化

> 近年、教師と子どもの垣根が低くなっています。しかし、教師は「教える者」、子どもは「教わる者」という立場を明確にしなくては、学校教育は成り立ちません。

★……教え導く者の自覚をもつ

　子どもは、人間としてまだまだ未熟な存在です。だからこそ、大人である私たちが、立派な社会人となるために必要なことを教えるのです。教師は教える者として、子どもを指導し、成長させる義務を負っています。時には、子どもとぶつからなくてはならない場合も出てきます。それでも、子どもとの関係を悪くすることを恐れて、教え導くことから逃げてはいけません。教師は、「子どもを教える者」としての自覚をもって、子どもの前に立つべきなのです。

★……教わる者の姿勢を身につけさせる

　人から物事を教わる者は、素直でなくてはなりません。人の助言を素直に受け入れて行動し、自分の過ちを素直に認めて反省するからこそ、人は成長するのです。また、謙虚に教わる姿勢が身につき、礼節ある態度で教わろうとすれば、人からかわいがられ、真剣に教えてもらえるようになります。

　現在の子どもたちが失いつつある力が、この「素直さ」と「謙虚さ」です。子どもたちに「教わる者」としての大切な姿勢を身につけさせるのもまた教師の役割です。

★……ここぞという時が勝負

　教師は、授業時間以外は、子どもたちと友達のようにしていても、授業中はしっかり切り替えて、言葉づかいや態度に気を付けさせ、そして、いざ指導する時は、子どもが顔色を変えて姿勢を正すくらい厳しくできなくてはなりません。

　ここぞという時は、「やはり、先生なのだ！」と、子どもに感じさせるくらいのきっぱりとした雰囲気を漂わせることが大切です。教師は、時には役者でなくてはなりません。ある程度の演技力を身につけることも必要です。

＊「教える者」という自覚が、子どもに「教わる者」の姿勢を伝えることに。

+one point !

Step 1 子どもは、教師を試してきます。言葉はやんわりでも、ダメなものはダメと、はっきり言い切りましょう。

Step 2 基本は、厳しい教師を目指しましょう。優しくするのはいつでもできますが、あとで厳しくすることは困難です。

Step 3 演技ができるようになりましょう。叱りながら振り向いて、すぐ別の子には笑顔で話せるというイメージです。

Chapter1 牽引術 ❼ 若い時こそ子どもと距離をとる

教師になって間もない若い時期は、子どもにできる限りのことをしてあげたいという熱い思いであふれているものです。しかし、手をかけすぎると、子どもの成長を妨げることがあるので注意が必要です。

★………口を出しすぎない

子どもに自信をもたせたいという思いが強すぎて、できるだけ失敗をさせないように、教師が丁寧に教え導いてしまうことがあります。子どもの考えに口出しをして、無難な方向に導いたり、失敗をする前にストップをかけたりしてしまいがちです。自分でとことんやってみた結果、失敗をしたとしても、失敗しなければ、分からないことがたくさんあります。その機会を、教師が奪ってはいけません。余計な口出しをしたくなるのが教師というものですが、子どもから助けを求めてくるまでは、知らん顔をしておきましょう。

★………教えるのではなく、気付かせる

自主性や責任感は、子どもに是非とも身につけさせたい力です。ところが身につけさせるべきはずの力を、教師自らが奪ってしまっていることがあります。「やめなさい」「こうしなさい」という指導は、指示待ちの子にしてしまいます。

「今は何をする時か?」「結果はどうなるか?」……考えさせる指導に切り替えることで、子どもの自主性を鍛えていかなくてはなりません。教えるのではなく、考えさせたり、気付かせたりすることが大切なのです。

★ 真に厳しい指導を考える

　大声で罵倒するなどの威圧的な指導は、じつは厳しい指導ではありません。もちろん、愛ある指導でもありません。激しい叱責に耐えさえすれば、許してもらえるのですから。

　本当に厳しい指導とは、結果責任を取らせることです。自ら解決策を考えさせたり、やり直しをさせたりすることこそが、真に厳しい指導と言えます。効果的な指導を行うためには、子どもを突き放しておいて、がんばる姿を見守ることができなくてはなりません。

＊大切なのは、子ども自身の力を伸ばすことだと忘れない。

＋one point！

Step 1　子どもの失敗は予測できることがあります。そこで口出しをせず、失敗するまで待てるようになりましょう。

Step 2　「わかりましたか？」という指導をやめましょう。この言葉は、教師が安心するためだけの言葉です。

Step 3　子どもが「〜していいですか？」と聞いてきたら、「どうしましょう？」と返します。子どもの自主性を育てるためです。

Chapter1 牽引術 ⑧ 迷いや失敗をとことん生かす

指導には、教師の教育観や価値観が表れます。指導に迷った時や失敗した時は、自分自身の教育観や価値観を確かめる絶好のチャンスです。

★………子どもにあたえる影響を意識する

　小学校の担任は、勉強を教えるだけではなく、生活態度や仲間づくりなど数々の活動を通して、子どもの人格形成に大きな影響をあたえます。「子は親の鏡」と言いますが、学校も担任によってクラスのカラーが決まると言っても過言ではなく、それは、子どもが教師の影響を受けるということの何よりの証拠です。教える教師に熱意があればあるだけ、子どもやクラスにあたえる影響は大きくなります。

　「担任は、子どもとクラスに大きな影響をあたえる存在である」ということをしっかり念頭において、指導に臨むようにしましょう。

★………堂々と、しかし慎重に

　子どもへの指導は、すべて自分（教師）の価値基準に沿って行われます。教師が子どもの人格形成に大きな影響をあたえると考えると、ひと言ひと言、一つひとつの指導に畏れを感じないわけにはいきません。

　指導すべきことは、堂々と指導しなくてはなりません。しかし、指導後は、できれば先輩や同僚と意見交換を行うなどして、「自分のこの基準で子どもに指導を入れてよかったのだろうか?!」と常に自問自答し、自分の価値観を顧みるようにしなくてはなりません。

★……… 迷いや失敗は必ず記録

　指導の場面は、数えればきりがありません。なかには、例えば、「言葉づかいが丁寧ではないが、生き生きと発言する子への指導は、どうするとよいだろう？」といったような、具体的な指導に迷いが生じる場面が多々あります。じつは、こうした些細な場面にも、価値観や教育観が表れます。指導に迷った場面は、必ずメモなどに記録しておきましょう。それが、後に大切な資料になります。あとで振り返り、自分自身の教育観や価値観を確認しながら、スキルアップに生かしましょう。

＊指導の振り返りは、教育観の確認とスキルアップにつながる。

＋one point！

Step 1 指導に迷ったら、その場面を必ず記録しておきましょう。あとで主任や先輩教師に相談して、次の指導に生かします。

Step 2 あやふやな対応は、絶対に避けます。「他の先生に確認しておきます」「まずは、○○します」と、言い切ります。

Step 3 一貫した指導ができるように、決まりごとの確認や問題点は、必ずクラス全員に情報が行き渡るようにしましょう。

Chapter1 牽引術 ⑨ 教師だからこそ「師」をもつ

人を教える立場にある教師だからこそ、人から教わることのありがたさと大切さを知り、常に謙虚に学ぶ姿勢をもち続けることが必要です。

★………学ぶ姿勢をもつ

　教師は、子どもに学ぶことを要求します。そして、子どもは、素直に教師の言うことを聞いて努力するものです。振り返って、教師はどうでしょう。子どもに望む分だけ、自身も努力しているでしょうか。

　残念ながら、教師という仕事は、「学びを求める者にだけ、学ぶ機会が訪れる」職業です。授業がうまくなりたいと思っても、自ら授業を見てもらう機会を希望しなくては、スキルアップは望めません。実践の場も、自ら進んで発表しなくては、学ぶ場は訪れません。

★………批判されてこそ成長する

　教師は、外から厳しく指導されたり、批判されたりする機会が少ない仕事です。ともすれば「自分のやり方が最高！」などと思い上がってしまいがちです。そんなことでは、何の成長も望めません。

　特に若いうちは、授業や生活指導などの実践場面を先輩に批判的に見てもらい、指導を受ける機会を自ら積極的につくることが必要です。他の教師からの批判と指導によって、教師としての技術と、人から学ぶ姿勢を身につけることができるのです。

★········「師」に出会う生き方をする

　人生の中で「師」と呼べる人をもっている人は幸せです。師がいれば、「自分の力など、まだまだ稚拙」と、謙虚に学ぶことができます。また、師は、自分の信念に自信をもてなくなった時、進むべき方向を示してくれるありがたい存在です。師がいることは、どれほど心強いことでしょう。ただし、「師」は、求めなければ現れません。常に前向きに生き、人から学ぶ謙虚な姿勢をもち続け、出会いを大切にできる人だけが、「師」に出会うことができるのです。

＊教える者として、他者から学ぶ姿勢を常にもち続ける！

+one point !

Step 1 時間の許す限り、授業を見てもらうようにしましょう。批判してもらい、謙虚に学ぶ姿勢が教師の基礎力を高めます。

Step 2 参加費を支払う研究会に参加したり、教育書を買って読んだりと、身銭を切って学びましょう。自分への投資が必要です。

Step 3 一生をかけて学びたいと思える師を見つけましょう。そのためにも、前向きで謙虚な姿勢を身につける努力が必須です。

Chapter 1 牽引術❿ 充実した教師の姿が子どもの成長を引き出す

夢や希望を抱き、目標をもって生活を送ることが、子どもの活力、成長の源となることは言うまでもありません。毎日が楽しいと思う子に育てるために、教師にもできることがあります。

★………お手本になって希望をもたせる

「大人になりたくない」と言う子が増えています。それは、周りの大人が充実して毎日を送る姿を見ていないからです。「早く大人になりたい」「大人になってこんなことをしたい」と、将来に胸をときめかせる子に育てるためには、身近な大人の一人である教師がはつらつと毎日を送ることが大切です。その教師の姿を見て、子どもは、将来に希望を抱くのです。機会をとらえて、どんな仕事をしたいか、どんな大人になりたいか、子どもの話を聞いたり、考えさせたりすることも必要です。

★………「今」を楽しむ力を育てる

将来の夢や希望をもたせるためには、「今」を楽しむ力を身につけさせることが必要です。毎日を、充実して楽しく過ごすことができなければ、未来に希望をもつことはできません。ところが、なかには、「力一杯やって楽しかった。充実した」という経験がほとんどない子もいます。

充実感に満ちた本当の楽しさは、馴れ合いの指導では味わわせることはできません。楽しむ力を身につけさせるために、教師の真摯な、そして真に厳しい指導が必要な場合もあります。

★………自律心を育てる

「生活習慣を整える」「やるべきことをやる」「耐えて忍ぶ」などといった基礎力を日々鍛えることで、子どもの自律心を育てましょう。何をするべきかを判断し、行動を自制したり耐え忍んだり……。自分で自分をコントロールできた時、子どもは本当の楽しさ、充実感を知ります。自分次第で、現状を変えることができると自信をもつようになります。

子どもの自律心を育てることが、今を楽しむことにつながり、さらには夢や希望につながっていくのです。

＊教師が充実した姿を見せることが、子どもの希望につながる。

＋one point！

Step 1 子どもの前では、とにかく楽しく明るい姿を見せましょう。教師は、子どもの太陽でなくてはなりません。

Step 2 学校生活習慣を、しっかりと身につけさせましょう。生活習慣の乱れは、子どもから充実感を奪います。

Step 3 子ども自身が気付いて行動できるような指導を心がけます。教師の指示で動くばかりでは、自律心は身につきません。

column 1

教師の姿勢を教えてくれた鬼教頭

　教師になった私の初任地は、山間の小さな学校でした。
　はじめて出会った子どもたちは、とても素朴でかわいらしく、私にとっては、小さな友達ができたようで、当時、嬉しさのあまりすっかり舞い上がってしまったことが思い出されます。
　「先生と思わず、お兄さんだと思って、学校のことや村のことを教えてください！」
　我ながら気の利いた素晴らしい着任のあいさつだと悦に入ってステージを降りました。そんな私に、教頭から、厳しいひと言が浴びせられたのです。
　「教師は、友達ではない。自覚が足りないよ、中嶋先生！」
　冷水を浴びせられたように、血の気が引くのが分かりました。
　それからも、「教材研究に時間をかけよ！」「指導に手を抜くな！」「保護者にはとことん付き合え！」「他の教師への気配りを忘れるな！」などと、毎日のように教頭からの指導がありました。教員住宅への住み込みだったこともあり、夜遅くまで酒を飲みながら、教師とは何か、教育とは何かといった根本的な話を、徹底的に叩き込まれたのです。
　「おまえ、教師に向いとらんわ。辞めてしまえ！」
　子どもの指導に手を抜くと、たちまち厳しい言葉が飛んできました。その姿は、まさしく鬼のよう。あまりの厳しさに、転勤してしまおうと、何度思ったことでしょう。
　教師になって四半世紀を越えました。そして今、私が教師人生を真に楽しんでいるのは、まぎれもなくあの鬼教頭のおかげです。子どもの指導に一切の妥協を許さない姿勢、自分に厳しくあることの誠実さ……。
　教師は教育のプロとして、堂々と胸を張って子どもの前に立たなくてはならない。その教えは、私の揺るぎない根本になっています。

Chapter 2

経営術

学級目標づくりを行い、係・当番を組織し、ルールを徹底するなど、
目指すクラスづくりの実現には、
クラスを経営する技術が不可欠です。

Chapter 2 経営術
バランスを大切にした指導で子ども同士をつなげる！

> クラスは、単なる仲よしの集まりではありません。子どもの成長という目的に向かってビジョンをもち、計画的に組織運営を進めていくのも、担任の重要な役割です。

　教師は、子どもの「人格形成」という学校教育の目的に向かってクラスの目標を立て、受けもったクラスや子どもたちが、年度末の終業時にはどのように成長しているか（成長させたいか）というビジョンをもち、組織づくりや規則づくり、意思決定や管理の仕方などを計画的に進めていかなくてはなりません。その学級経営の責任者は担任です。ですから、「どのようなクラスにするのか」という学級目標は、経営者である担任が責任をもって提案しなくてはなりません。「教室を安心できる場にしたい」「自律的に行動できるクラスにしたい」などといった担任の思いを、学級づくりのスタート段階で子どもや保護者に伝え、1年間のビジョンを示すのは担任としての重要な仕事です。

　目標を達成するために係活動や当番活動などの組織づくりを行い、組織運営を指導していくのですが、ここでも担任のリーダーシップが求められます。係活動や当番活動が停滞し、機能不全に陥ってしまえば、例えば拭き掃除のような皆がやりたがらない仕事が、力の弱い子ばかりに回ってしまうというように、子ども間の平等性、公平性が崩れてしまいます。責任者として、係や当番などのクラス組織が、正常に働いているか、活性化しているか、きめ細かく点検・管理する必要があります。

　クラスの規律を守るのも、学級経営者である担任として重要な役割です。子どもの自主性にばかり任せていては、子ども同士の力関係や子どもの気分次第で、一部の発言力が大きい子の都合が「きまり」になってしまうという、弱肉強食のクラスになってしまいます。

　子どもが伸び伸びと生活し、生き生きとした笑顔で学習に取り組むためには、絶対に子どもたちだけに任せきりにしてはいけません。担任の強い思いと指導の枠の中で、子どもの自主性や個性を生かしていく。学級経営には、バランスが大切なのです。

残念な状況

班長さんと、時計係さんを決めてね

オレが時計係やるよ。班長はA君な！

えっ…

＊子どもたちだけに任せきりにすると、不平等や不公平が起こるおそれが。

目指すべき姿

まだやってない人が班長さんをやってね。班長さんと誕生日が近い人が時計係さんね

今回は、僕が班長でBさんが時計係になるよ

＊教師の指導の下でこそ、平等や公平が守られることに。

Chapter2 経営術① 学級びらきは担任主導と速攻性

> クラスが目指すべき方向を定め、導いていくのが担任の責任です。学級びらきは、担任主導で素早く行い、できるだけ早くクラスを落ち着かせることが必要です。

★……学級目標には担任の思いを込める

　単に掲示物としての学級目標であれば、子どもたちの話し合いによって決めるのも良い方法かもしれません。しかし、1年間の学級経営の柱となる、本当の意味での学級目標を定めるのは担任です。どの担任も、「こんな学級にしたい」という願いを学級目標に込めます。

　クラス集団をどういった方向に導き、そのためにどのような舵取りをしていくのかを決定するのが担任です。その指標となる学級目標は、担任の思いが強く反映されなくてはなりません。

★……組織を早急に動かす

　新年度が始まると同時に、クラスづくりがスタートします。

　子どもたちが学校生活をスムーズに送ることができるように、学級組織が機能的に動く手立てを早急に講じる必要があります。新年度がスタートして1週間がたっても、組織的に何も動き出していないような状況では、後の学級経営に支障をきたします。

　必要な役割分担や仕事内容をできる限り早く決定し、子どもたち全員が学級組織の一員として活動することができるよう導きましょう。

★………まずは子どもを安心させる

　新学期の初めは、どの子も期待と不安でいっぱいです。できる限り早く新しいクラスに馴染ませるために、例えば、簡単な手遊びなどをして和ませたり、全員が同じく不安な気持ちで座っていることに気付かせる話をしたりして、子どもたちに安心感を抱かせるようにします。

　また、自己紹介や子どもへの声かけを工夫したり、クラス全員の名前を早く覚えるようにしたりして、教師が早く子どもとの関係を築く努力をしましょう。

＊組織を早急に動かすためには、担任の主導が必須！

＋one point !

- **Step 1** 担任の方針や人柄を、子どもにできる限り早く理解してもらうように、自己紹介や学級目標づくりを工夫しましょう。
- **Step 2** 学級びらきから3日以内に、クラスの子全員の名前と顔を一致させるようにしましょう。
- **Step 3** 当番活動と係活動の違いを明確に区別して、係・当番活動を組織させましょう。

Chapter2 経営術❷ 学級ルールの最終決定責任者は担任

> 学級のきまりやルールを破った子を指導するのは、他の誰でもない担任です。それ故に、きまりやルールを最終的に承認し、決定するのは、担任でなくてはなりません。

★……担任が揺らがない

「前のクラスでは、こういう決まりだったよ！」

新年度には、子どもたちからこのような声がよく聞かれます。そうした時の対応として大切なことは、学級担任であるあなたが「揺らがない」ことです。

「先生のクラスでは、こういう決まりにしたいと思います」

というように、凜とした態度で子どもに伝えるようにしましょう。

子どもからさまざまな意見が出てきた場合、担任がその度に揺らいでいては、クラスをまとめることなどできるはずがありません。

★……ルールは全員で確認

「シャーペンを使っていいですか？」「黒板で遊んでいいですか？」「デザートは先に食べていいですか？」など、教室には、本当に些細と思えるような事柄についてのルールがたくさんあります。気付いた時に、必ずクラス全体で確認しなくてはなりません。教師が、その場その場で適当に返事をしたり、気分次第で対応が異なったりすると、子どもを混乱させることになります。きまりやルールはクラス全員で確認する。これを徹底して行っていくことが、学級の規律を守るためにはとても重要です。

★ 子どもから出る疑問を大切に

「先生、○○はどうするんですか？」

子どもは、些細なことでも質問してきます。忙しい時など、とても煩雑に感じますが、適当に対応してはいけません。

「あの時、先生は、こう言ったのに〜。今は反対のことを言ってる！」

と、あとになってから大きな問題に発展してしまうことがあります。

子どもからの質問にはいつも真摯に丁寧に耳を傾け、またルールの確認は、必ずクラス全員で行うことを徹底するようにしましょう。

＊学級ルールの最終決定は、担任が責任をもって行う。

+ one point !

Step 1 主任や先輩に教えを請い、詳細なルールをあらかじめ決めてから、学級びらきをしましょう。

Step 2 学校や学年で統一しておかなくてはならないきまりと、担任の裁量で決められるきまりを区別できるようにしましょう。

Step 3 子どもからの質問は、必ずその日のうちにクラス全員の前で検討し、決定事項を確認しましょう。

Chapter2 経営術 ③ 子どものチャンスを平等に保障する

> 勉強でも運動でも、子どもには能力の差はありますが、何かに挑戦するチャンスは、教師の指導における最低の義務として、平等に保障しなくてはなりません。

★………対等な関係をつくる

どの子も、何かに挑戦したいと思ったら、安心して手を挙げることのできるクラスでなくてはなりません。そのためには、すべての子が対等な関係でいられる学級づくりが求められます。

子どもたちが本音をさらけ出し合えるような関係づくりのためには、子どもが本気になって取り組む活動を仕掛けることが必要です。学級イベントや学習ゲームを工夫して、夢中になって活動していく中で、子ども同士が本音をぶつけ合える場面を教師が積極的につくり出しましょう。

★………教師のリーダーシップが必要

子ども同士の関係は、放っておくと、強い者と弱い者の序列ができあがるのが普通です。その序列を崩し、対等な関係にするためには、担任の絶対的なリーダーシップが不可欠です。上から友達を抑えつける子を改めさせたり、立場の弱い子を励まして背中を押したりしながら、子どもたちが対等に付き合うことのできる関係に導く必要があります。

担任の強力なリーダーシップの下でこそ、子どもは安心して対等な関係を築くことができるということを忘れてはいけません。

★ 挑戦する機会を平等にあたえる

やんちゃで粗雑な行いが目立つ子が、学級をリードする力をもっていることはよくあります。また、大人しく目立たない子が、企画力や運営力をもっているかもしれません。本人自身もまだ気付いていない力を発見するためにも、子どもにはさまざまなことに挑戦する機会をあたえることが大切です。

教師や友達、自分自身の決めつけや偏見が、未知の力をつぶすおそれがあります。子どもが何かにチャレンジする機会をつぶすおそれがあります。それだけは、絶対に避けなくてはなりません。

＊挑戦する機会をあたえることで、子どもの自信が引き出せる。

＋one point！

Step 1 立場の弱い子が、クラスで楽しく過ごせるように、励ましの言葉がけをしたり、活躍できるようにサポートしたりしましょう。

Step 2 子どもが本気で夢中になる授業やイベントを、可能な限りたくさん行うように努力しましょう。

Step 3 子ども同士の上下関係は教師のリーダーシップの欠如ととらえ、学級経営を見直して、授業技術や生徒指導力向上を心がけます。

Chapter2 経営術④ 「あの子はこんな子……」が間違いの始まりに

> ひいきはしないでおこうと、教師なら誰でも思います。しかし、思い込みや偏見で子どもを見るようになると、無意識のうちにひいきをする教師になってしまいます。

★………子どもの良さを見る

　教師とて人間です。なかには、ソリの合わない子もいるでしょう。それでも、苦手な子ほど、その子の良いところを意識的に見るようにしないと、「また、あの子か……」と、その子の悪いところばかりが目につくようになってしまいます。子どもが、不公平を感じ取る力はとても敏感です。ある子から、「ひいきする先生」とレッテルを貼られてしまうと、たちまちクラス中に広がってしまいます。日頃から、子どもの良いところに目を向けられるように、心がけましょう。

★………「人格」を叱らず「行い」を叱る

　子どもを叱る時は、必ず「行い」についての誤りを指導するように注意します。「何を学んできたの？」「やはり君か！」といった言葉は、人格を責めることにほかなりません。人格を責めるということは、「あの子はこんな子」と、日頃から偏見で子どもを見ている証拠です。反対に、「行いを叱る」ことは、子どもを信用し、認めるということです。

　「人格を叱らず、行いを叱る」ことに徹する指導は、子どもとの信頼関係を築くためのもっとも大切な原則です。

★ 新発見のある学級経営を

　本音で交流ができるクラスの中にいると、友達の新しい一面をどんどん知ることができます。自分自身でさえ気付いていない新しい発見をすることもできます。そうしたさまざまな新発見によって、子どもは、人間関係や物事の考え方などを広げることができます。

　クラスの中で、子どもが友達や自分の新しい面を発見することができるように、まずは教師が固定観念で子どもを見ないように努め、安心して本音で交流できるクラスづくりを目指しましょう。

＊偏見で子どもを見ると、他の子どもからも教師の資質を疑われる。

＋one point！

Step 1 毎日、子どもが下校したあと、クラス全員の行動を思い出して、良かったところが言えるようにしましょう。

Step 2 苦手な子、ソリの合わない子とは、とくに意識して、1日のうち必ず一度は笑って会話をするようにしましょう。

Step 3 子どもが本気になって取り組める係活動を工夫して、学級を活性化させ、多くの子どもが交流する機会をつくりましょう。

Chapter2 経営術❺ 「根本」こそを大切に

> 若い時は、とかく即効性のある「指導技術」に目が向いてしまうものです。しかし、大切なのは、技術の裏にある思想です。思想のない技術は、結局、役に立たなくなります。

★………「子どもへの思い」ありきで

　子どもを成長させるためには、もちろん指導技術をできる限りたくさん身につけておくことが必要です。ただし、技術の身につけ方で重要なのは、目の前の子どもに対する教師の思いです。例えば、「意見を言い合えるクラスにするために、全員が意見を交流させる授業をしたい。それには、まず書かせて、強制的に発表させるという技術を使おう」といった具合にです。

　私たちは、さまざまな教育技術を使って子どもを指導していますが、その一つひとつには、「どのような子ども・クラスにしたいのか」という根本的な「思想」があることが前提です。自分なりに技術の裏にある思想について、じっくり考えておきましょう。

★………大切なのは「根本」

　場面が異なり、子どもが異なれば、どのように指導するのかは、当然異なります。いくら何万通りの技術や方法を身につけたとしても、基礎がなければ対応できるものではありません。指導技術は、所詮は教育の枝葉末節にすぎないのです。

　数限りない指導場面に対応するには、「どのような子どもを育てるか」「どのような教育者を目指すか」という、自分の立ち位置をしっかり定めること

しかありません。根本がしっかりした教師が身につけた技術こそが、現場で生き、そして、子どもを向上させることができるのです。

★………「なぜ？」を大切に

「なぜ、子どもが動かない？」「なぜ、授業が盛り上がらない？」「なぜ、その行動をする？」……そんな疑問から指導はスタートします。この時、技術や方法に頼りすぎると、「この方法で動かない子どもが悪い」「この授業を理解できない子どもが悪い」となってしまいます。「なぜ？」を大切にし、自分の指導を見直しながら技術を習得しましょう。

＊技術の根底にある「思想」を考えることで、指導に幅が出る。

＋one point！

- **Step 1** うまくいかない時は、「なぜ？」と考え、自分の指導を振り返り、さまざまな方法を参考にして試すようにします。
- **Step 2** 書籍にある指導技術や、ベテラン教師の指導技術の裏にある「子どもに対する愛情」などの思想を考える習慣をつけましょう。
- **Step 3** すぐに役立つ実務書も大切ですが、例えば森信三や斎藤喜博、東井義雄の著書を読み、教育の根本を考えてみましょう。

Chapter2 経営術 ❻ 「迎えにいく」話術をみがく

> 子どもへの「語り」は、教師と子どもとの関わりに重要な要素のひとつです。思いを伝え、子どもと深くつながるために、語りの技術を磨きましょう。

★……反応を感じながら話す

　伝えたいという気持ちが大きい時ほど、子どもの反応を意識しながら話すようにしましょう。子どもの反応を見ることで、子どもに興味のある話題か、自分自身の話し方が単調になっていないか、落としどころはどこかなどを把握することができます。

　また、反応によって、話題や話し方を変えて、思いを最大限に伝えることも可能になります。聞く者の気持ちをつかみながら丁寧に注意深く話をすることは、教師としての思いや願いを伝えるためには必要不可欠です。

★……心を揺さぶる話題を

　思わず吹き出してしまうような面白い話や、感動して涙してしまうような話、そして怪談のような身震いする話……その他にも、ドラマやマンガ、小説などを取り上げて、「悪行を許さない」というような感情を揺さぶる話なども日頃から積極的にしていきましょう。

　子どもは、感情を動かされる話題が大好きです。子どもの感情を揺さぶる話題を効果的に用いることで、勇気や忍耐、団結心や友情など、倫理観や道徳観を子どもとともに考える時間をつくりましょう。

★………熱く感情を込めた語りを

　語る時は、気持ちを込めて、子どもに教師の思いを伝えるようにするのがポイントです。具体的には、表情や身振り手振りを交えて、喜怒哀楽を恥ずかしがらずに表現するようにします。少々演技がかっていても大丈夫。むしろ無表情に淡々と語ったのでは、子どもに思いは届きません。時に冷めた表情で聞き流しているような子もいますが、諦めずに熱く語り続けていけば、どの子にも、あなたの思いは伝わります。子どもに気持ちを伝えるために、熱く感情を込めて相手を話に引き込む「迎えにいく」話術を磨きましょう。

＊情熱的に思いを伝える語りで、子どもとより深くつながることができる。

＋one point！

Step 1 朝の会や帰りの会で、必ず「先生のお話」のコーナーをつくり、子どもに語ることに慣れていきましょう。

Step 2 喜怒哀楽をしっかり表現して語りましょう。選挙演説のように、熱い思いを伝える練習が大切です。

Step 3 もめごとや友達関係のことなど、すぐに子どもに伝えたいことを、即興で語ることができるようにしましょう。

Chapter2 経営術❼ あえて子どもに「失敗」をさせる

> 何一つ問題のないクラスなどありません。そのためにも、子どもを観察する力量を上げ、問題が小さなうちに発見をして、子どもの成長につなげる指導をしていきましょう。

★………隠れた問題をあぶり出す

　子どもやクラスの課題は、目に見えるかたちで表れてくれば対応できるのですが、内に隠れてしまう場合が多々あります。そして、その場合、目に見えるかたちで表れた時には、もうすでに手遅れの状況になっていることがほとんどです。

　隠れている課題を早い段階で浮き彫りにさせるためには、子どもが本音でぶつかる場を設けてあげることです。あえてもめさせることで、先手が打て、深く眠っているクラスや子ども同士の問題をあぶり出せるのです。そして、そのことによって、真に団結力のあるクラスに導くことが可能になります。

★………失敗するまで待つ

　放っておいたらケンカになると予想される、注意しなければ失敗することが明らか……このような場合は、先手を打って指導します。しかし、子どもは失敗から学ぶと言っても過言ではありません。くれぐれもその貴重な学びの機会だけは奪わないことが大切です。

　失敗させ、自分で困ったことになると身をもって体験させてから指導した方が、子どもの力になると考えましょう。

★………あえて「問題」を浮き彫りにするしかけをつくる

　例えば、二人組や三人組をつくらせると、いつも同じ子とばかり組もうとする子や、いつも同じ子が最後までグループをつくれずに困っているのを発見します。これは、仲間はずれの原因になったり、限られた友達に縛られた不自由な関係の原因になったりします。このような問題が起こると分かって、あえて子どもにグループづくりを任せます。友達関係に課題があることを事実として子どもたちに突きつけ、誰とでも自由に行動することの大切さや、全員が気持ちよく学習できるために必要な配慮などをじっくり考えさせます。

＊あえて待つことが、子どもの成長につながることも多い。

＋one point！

Step 1 子どもが本気になるゲームやイベントをできる限り実行しましょう。その中で起こるトラブルに対処する訓練をします。

Step 2 「友だちと楽しくしたい！」という全員がもっているはずの気持ちを毎日確認し、共有できるような工夫をしましょう。

Step 3 子どもの行動を予測し、その上で、ある程度は失敗させるようにしましょう。失敗させない指導は、ぐっと我慢です。

Chapter2 経営術 ⑧ 休み時間は子どもとの時間

> 子どもは、一緒に活動してくれる教師が好きです。若いというだけで子どもとの垣根を低くすることができますが、子ども目線で関わることのできる技術も必要です。

★……休み時間は子どもと関わる

　休み時間は、教師と子どもが対等に関わることができる貴重な時間です。一緒に身体を動かしたり、会話したりすると、子どもとの距離が縮まります。特に若いうちは、1日10分間だけでも、子どもと一緒に休み時間を過ごすようにしましょう。また、子どもから、「一緒に遊ぼう！」と誘われたら、必ず行動を共にしましょう。子どもと一緒に遊んだり会話したりできるのは、子どもに近い若い教師の特権です。

★……どの子にも話しかける

　授業の合間の5分間休憩は、子どもと触れ合うチャンスです。ノートを見たり、プリントのマル付けなどをしていても、必ず誰かが話しかけてきます。子どもの方から話しかけてこなくても、教師から話しかけると子どもは嬉しそうにします。子どもは、教師と関わりたいのです。
　そう考えると、自分から話しかけてくる子にはもちろんのこと、大人しくて控えめな子にこそ、教師から積極的に話しかけることが大切だと言えます。1日ひと言は必ずどの子とも会話を交わすことを強く意識して、休み時間を過ごすようにしましょう。

★········指導のチャンスととらえる

　開放的な気分になる休み時間は、さまざまなトラブルが起こる時間でもあります。きまりが破られるのも、仲間はずれや物隠しなど友達関係のトラブルが起こるのも、休み時間が多いものです。

　だからこそ、休み時間は、子どもを指導するチャンスであると言うこともできるのです。休み時間に起こるさまざまなトラブルに対処することで、子どもを鍛えたり関係を築いたりすることができます。トラブルは指導のチャンスと考え、すぐに現場に急行しましょう。

＊教師自ら積極的に関わることで、子どもとの関係が深まる。

＋one point！

Step 1 休み時間は、必ず子どもと身体を動かして遊ぶようにします。全員で遊ぶ日を設定するのもよいでしょう。

Step 2 授業以外で、必ず全員とひと言交わすようにします。放課後には、振り返る時間を必ず設けて独り反省会をしましょう。

Step 3 特に気になる子には、さり気なく観察したり、話しかけたりして、その子の状況や課題を把握し、きめ細かく対応します。

Chapter2 経営術 9 学級通信と保護者会の工夫が効果を上げる

> 学級通信も、保護者会も、保護者に担任の人柄や学級経営の考え方を理解してもらう場です。だからこそ、十分に理解してもらえるような工夫が必要です。

★………授業参観で安心感を

授業参観は、保護者に子どもの学習の様子を見せることができるまたとないチャンスです。そのポイントは大きく3つ。
　①何を学んでいるのかが明確に分かる授業にする
　②すべての子どもが発表する機会をつくる
　③子ども同士が意見を交流し合える場をつくる
　こういった工夫で、生き生きと学習指導に取り組む教師の姿を見せて、「この先生なら大丈夫！」という安心感をもってもらうようにしましょう。

★………保護者会で「熱」を伝える

若くエネルギッシュな姿とともに、子どもへの情熱を前面に出して保護者会に臨みましょう。一生懸命教育してくれる教師の姿に、保護者は安心感を抱きます。また、「こんな力を伸ばしたい」「こんなクラスを目指す」という担任の具体的な思いを、しっかり伝えるようにしましょう。担任の思いや考えがうまく伝わらないと、日頃の子どもたちに対する指導に保護者の理解が得られないばかりか、場合によっては誤解が生じて、学級経営に支障をきたすことにもなりかねません。

★ 学級通信は多彩に

いつも授業記録や子どもの作文ばかりの通信では、楽しみにもされず、読まれもしません。「子どもの日記や作品」「当番や係活動の様子」「授業の紹介」「子どもの遊びや交流」「最近の教育事情」などというように、通信の内容は多彩にして、保護者の興味と読む意欲をくすぐる工夫をしましょう。

また、通信には必ず教師の考えや教育観を書くようにして、教師の考え方や人柄を理解してもらうようにします。学級通信の目的の一つは、保護者に教師を理解してもらうことです。

＊好印象をあたえ、人柄を理解してもらうことで、保護者に安心感を。

＋one point！

Step 1 保護者会は、笑顔で元気に堂々と臨みましょう。はつらつとした教師の姿に、保護者は好感と安心感を抱きます。

Step 2 参観では全員が発表する場面や意見交流を取り入れ、盛り上がりのある授業を毎回見せられるように努力しましょう。

Step 3 自分の考え方や教育観などを織り交ぜながら、クラスの様子を紹介するような学級通信を書く力を身につけましょう。

Chapter2 経営術⑩ 学校すべての子どもに目を配る

> 自分のクラスの子であろうとなかろうと、子どもたちへの目配りが必要です。同じように指導できなくては、自分のクラスでさえ、指導できない子が出てくるおそれがあります。

★………「情けは人の為ならず」の精神で

　親が、自分の子のより良い成長を願うなら、良い友だちに恵まれることを望みます。同じように、教師も、良い学級づくりを願うなら、学年や学校全体が質の高い集団であることが絶対条件です。周りが乱れていて、自分の子や自分の学級だけが良くなるはずはありません。

　自分のクラスを良くしたいと思えば、学校中のどの子に対しても同じように接し、全体の子どものより良い成長のために指導する必要があります。全体を大切にすることが、結果的に自分のクラスを大切にすることにつながります。

★………子どもは教師を見ている

　自分のクラスの子にだけ指導して、他の子には知らぬ顔では、子どもは無視されたと感じます。場合によっては、「ひいきする先生」と思われ、巡りめぐって自分のクラスの子どもとの関係もうまくいかなくなります。

　子どもは、教師が思っている以上に教師の言動を観察しています。自分のクラスの子どもであってもそうでなくても、子どもには平等に接するように心がけたいものです。

★……情報交換と気配りを忘れずに

　校内における情報交換は、子どもの指導に役立つことはもちろん、教師間の連携にもつながります。他学級の子と関わりをもったら、必ずその子の担任と話をするようにしましょう。

　この時、報告の仕方には十分に気を配る必要があります。やり方によっては、自分の指導を否定されたように受け取る教師もいるからです。「私が指導しておいた」などと感じさせるような伝え方にならないよう、くれぐれも配慮しましょう。

＊教師間の情報交換と連携が、自分のクラスを育て、さらに高めることになる。

＋one point !

- **Step 1** 学校中のどの子にも、自分のクラスの子と同じように、必ず笑顔であいさつをするように心がけましょう。
- **Step 2** 他のクラスの子と関わったら、必ずその子の担任に報告することを忘れないようにして、連携を深めましょう。
- **Step 3** 特に高学年の子どもたちへの関わりを、意図的に行うように努力して、決して避けないようにがんばりましょう。

column 2

今も誇りに思うこと

　私は、新任の頃から、子どもの関係に序列ができることが許せませんでした。
　転勤したての年に、前年度、学級崩壊してしまったクラスを担任することになったのですが、案の定、そのクラスには、あちこちでいじめが横行していたのです。私は考え、学級イベントを連続して行ったり、厳しく戒めたり、話し合いをするなどの工夫を重ね、その結果、徐々にいじめは影を潜めていきました。
　しかし、それでも、どうしてもスッキリ解消されないものが残りました。途中で転入してきた子に対する疎外的な雰囲気です。あからさまにいじめることはないのですが、グループをつくると、必ずその子一人だけが取り残されてしまうのです。また、授業中など、その子が発言すれば、微妙に反応が悪くなってしまうのです。いつも、他の子の時とは何かが違っているのです。そこで、若かった私は、その子を疎外する空気が漂った瞬間、授業を中断して、厳しく指導を入れ続けることにしました。学級通信や保護者会では、この実態を取り上げ、保護者に協力を求めました。「いじめではないんだから」「よくあることじゃないか」といった声も漏れ伝わってきましたが、その時の自分自身の信念に従おうと覚悟したのです。
　本音で交流する学習活動を続け、係や当番活動で子どもが一緒に活動する機会を増やし、授業で交流させ……と、考えられるだけのことを実行に移していきました。そのかいあってか、年度の終わりには、ついにその子もクラスに打ち解け、その子に対する雰囲気もあたたかいものになりました。今でも、その子の保護者と出会う度に、「先生は、本気で闘ってくれた！」と、その時のことを感謝してくださります。
　若い時にしか実行できないことがあります。もちろん、時には経験不足による失敗もありますが、どんな小さなことに対しても自分の信念に従って覚悟を決め、真摯に立ち向かって得られた成果は、教師人生に燦然と輝く誇りと自信になるはずです。

Chapter 3

授業術

学力を伸ばすことで子どもは自信をもちます。
また、学習規律を身につけることは、人格形成に大きく影響します。
授業こそが教師の本分。
授業スキルを真摯に学び、授業力を高めましょう。

Chapter 3 授業術
学力を伸ばし、学びの充実感を保障する授業者に！

> 授業は学校教育の本分です。授業の目的は、子どもの学力を形成するということに加え、人格形成の場ととらえて、子どもの力を引き出すべく授業技術を高める努力をしましょう。

　「何のために学校に来るのか？」と子どもに問えば、「勉強するため」という答えが必ず返ってきます。勉強とは、授業にほかなりません。時間配分も、授業が学校生活のほとんどを占めています。生徒指導や行事運営ももちろん大切ですが、教師に必要不可欠でもっとも重要なのは、授業技術です。

　授業が下手な教師は、子どもは言うに及ばず、保護者からも信頼されません。若くて華がある教師でも、授業についてしっかり学び、スキルアップをしていかないと、そのうち見限られてしまいます。

　もしかすると、「子どもとの関わりを大切にしている」「生徒指導やクラブが最重要だ」と言う先輩教師もいるかもしれません。しかし、何と言っても授業は学校生活の多くの時間を占めるもの。特に小学校の教師は、授業時間こそが子どもと関わる時間としてもっとも多いはずです。そして、チャイムに遅れて入室したり、話を聞かず無駄話をしたり、真面目にやらなかったりと、気になる子の行為を指摘し、改善させる機会も授業時間には数限りなく存在してきます。授業は、子どもとの関わりも、生徒指導をする機会も、もっとも多くなる時間と言えます。にもかかわらず、それをおろそかにするということは、子どもの成長を真剣に考えていないに等しいと言わざるを得ません。

　子どもたちの多くが、好きな教師として、「授業が上手な教師」を挙げています。授業そのものが分かりやすくて魅力的だということもあるでしょうが、自分たちのために教材研究に汗を流している教師の姿勢を、子どもたちは感じ取るのでしょう。努力せよ、真面目にやれと子どもに厳しく叱咤する裏で、自分自身も学び、努力している教師の姿に、誠実さを感じているのでしょう。授業は教師の本分。子どもの学力を保障するために、授業技術を身につける努力が欠かせません。

😞 残念な状況

- じゃあ、順番に音読しましょう…
- 国語なんか、適当に本を読んで時間をつぶしちゃえ〜
- いつもつまらないよ〜
- 教える気あるのかな？

＊適当な授業をしていると、教師としての信頼を失うことに。

👍 目指すべき姿

- なかなか釣りを主人公にさせなかったのは何故だと思う？
- まずは自分の考えをノートに書いてみよう!!
- 言われてみれば不思議だな
- 先生の問いは、考えるのが楽しい!!

＊子どもが動く授業の工夫で、学力と充実感を保障することに。

Chapter3 授業術① 教材研究はとことん

> 授業は、教師の本分です。もちろん、子どもの学力を形成するのが目的ですが、学級経営とも直結します。教材研究に力を入れ、自信をもって教えられるようにしましょう。

★………授業技術を鍛える

　子どもが真剣に取り組み、学力をつけることのできる授業を行えば、子どもからはもちろん、保護者から信頼を得ることは確実です。良い授業を行うためには、「ねらい」や授業の組み立て、発問などをじっくり考え、身につけた授業技術を効果的に用いていくしかありません。

　その授業技術を身につけ、高めるということは、日々の教材研究を積み重ねることにほかなりません。学習に意欲的に取り組み、思考を刺激しながら「ねらい」を達成する授業を目指して、教材研究を行っていきましょう。若い時の努力は、確実に将来の授業力へとつながります。

★………授業の「ねらい」と「流れ」は毎日考える

　いきなり教科書を開いてすぐに授業を進めることは、特に経験の少ない教師にとっては不可能です。毎日必ず授業の準備をしてから、子どもの前に立たなくてはなりません。準備のポイントは、3つです。
　①教科書や指導書を見て、その日の授業の「ねらい」を考える
　②授業の大まかな流れを考える
　③必要な教具がないかどうかを考える
　以上をふまえ、無理なく継続して教材研究を行いましょう。

★………「カン」と「ケイケン」に頼らない

　少し慣れてくると、そこそこ授業ができるようになります。しかし、それはあくまで「勘」と「経験」だけに頼った指導です。それでは、授業力はいつまでたっても伸びません。
・どのような流れで授業を進めれば、子どもが意欲的になるか
・その授業で子どもにどんな学力をつけるのか
・どのような教材や教具が必要かつ有効か
　これらを念頭において、教材研究を続けていくことが大切です。

＊地道に教材研究を積み重ねることでしか、授業技術は上がらない。

＋one point！

Step 1 〉 45分間の授業時間を、「ねらい」の達成に向けて流すことができるようにしましょう。

Step 2 〉 自分の得意な教科を決めて、まずは、その教科だけは自信をもって授業ができるようにすることを目指しましょう。

Step 3 〉 子どもの反応を予想した授業の「組み立て」と「発問」を考えて、授業に臨みましょう。

Chapter3 授業術❷ あなどるなかれ、指導案

> 授業技術は、日頃からの地道な努力なしには身につきません。指導案づくりは、良い授業をする力を鍛えるために有効であり、たいへん役立つ方法です。

★………指導案通りに授業する力を

　指導案を立てても、その通りに授業が進むことは、まずありません。しかし、「ねらい」を達成するために行う教師の発問や、子どもの学習活動は、指導案から大きく外れないようにしなくてはいけません。

　児童の発言に授業が脱線したり、思わぬ方向に進んだりして困ることはないでしょうか？　それは、流れを「ねらい」に近づける方向に修正する技術が不足していることが原因です。

　まずは、自分自身で計画した指導案に沿って授業を進めることのできる基礎力を身につけることが基本です。

★………ポイントは「教材」「教具」「発問」

　指導案を立てる時、「ねらい」の達成に近づけるための「教材」や「教具」、そして「発問」といった、授業の核になるものをしっかり検討することが必要です。

　良い教材で授業を行えば、子どもに達成させたい「ねらい」にぐんと近づくことができます。良い教具を使用すれば、子どもが学習に意欲的に取り組み、内容を理解するのにたいへん役立ちます。そして、良い発問は、子どもの思考を刺激し、授業の楽しさを味わわせることにつながります。

★⋯⋯⋯継続のために、無理なく

　滞りなく授業を進めるためにも、授業技術を身につけるためにも、指導案を考えることはたいへん役立ちます。その指導案づくりを続けるためにも、無理なく気楽に行うという姿勢が大切です。

　そこで、週に１時間分だけを、「本時のねらい」「学習の流れ」「発問」だけを考えて書くようにします。これだけでもかなりの気力が必要ですが、将来役立つスキルアップのための財産づくりと考えて、長く継続させていくことをおすすめします。

＊指導案を考えることで、授業の流れを予測する力がつく。

＋one point !

Step 1 指導書の指導案通りに授業を行いましょう。あとで振り返り、成功や失敗の原因を考えてみましょう。

Step 2 自分自身で指導案を考えて授業してみましょう。また、発問や教具も、できる限り自分で考えるように努力しましょう。

Step 3 本時の「ねらい」と「展開」だけの簡易指導案を、週１枚だけ作って授業し、反省点を書いて保存していきましょう。

Chapter3 授業術❸ さまざまな授業形態を効果的に使う

> 子どもたちの学力を保障するために、さまざまな授業の形態を知る必要があります。そして、目的に応じて授業の形態を工夫することが大切です。

★………「一斉授業」は学級経営の基礎

　一斉授業は、クラス全員が、同じ課題を解決しながら学力をつけていく方法です。発問や助言をしながら、教師が主導して授業を進めなくてはなりません。

　そのためには、子どもを惹き付ける話術や組み立てといった演出力、「ねらい」を達成するための教材研究力が重要です。また、クラス全員が同じ目標に向かって学習を進めることができるので、子ども同士の意見の交流を図ることができます。

　学習規律を身につけさせるのも、一斉授業においてです。教師が主導するので、子どもと教師の関係づくりにも影響します。一斉授業は、学級経営の基礎となる大切なものだと心得ましょう。

★………交流の活性化や自主性を引き出す「グループ学習」

　グループ学習は、ある課題を小集団に分かれて学習する授業形態です。少人数で課題解決に向けて学習を進めるので、子ども同士のチームワークが生まれます。また、限られた仲間での学習になるので、互いに自分の意見を出しやすいというメリットがあります。

　子ども同士の交流をもっと活性化させたい、自主性を高めたい、積極的に

学習に取り組ませたい時に、グループ学習は効果的です。

★………個々の課題に対応できる「個別学習」

　個別学習は、子ども一人ひとりが、課題に対して自分のペースで学習を進める授業形態です。特にプリント学習の時やパソコンを使用した授業などで進めやすい方法です。

　個々の子どもの能力や、興味・関心に応じて効果的な方法をとることが大切です。一斉学習では個人差が生じることによって対応できない場合があるので、個々の課題に対応した指導を行う時に用います。

＊状況に応じて学習形態を選ぶことで、より効果的に「ねらい」に近づける。

＋one point！

- **Step 1** 一斉授業、グループ学習、個別学習を、バランスよく取り入れて授業しましょう。
- **Step 2** 1時間の授業の中に、複数の授業形態を取り入れた授業を行う工夫をしていきましょう。
- **Step 3** メリットとデメリットを理解した上で、それぞれの授業形態の弱点を補うことを意識して、授業形態を選択しましょう。

Chapter3 授業術 ④ 「強制」が授業の基本であることを理解する

> 初めから勉強が好きな子は、滅多にいるものではありません。嫌でもやるのが勉強です。授業は「強制」が基本であると意識して、取り組むようにしましょう。

★………授業は教師が主導する

　まことしやかに、「授業の主役は子ども」と言われます。しかし、これは、「学ぶのが子ども」という意味であって、授業を主導するのはあくまでも教師です。

　子どもが活動してさえいれば良い授業という考えは間違っています。子どもの学力を高めようとすれば、教師が明確な「ねらい」をもって組み立て、学力を形成するために子どもを動かすことが、授業では必要です。授業を主導するのは、教師であることを忘れてはいけません。

★………「授業は楽しくない」が当たり前

　「授業を楽しく」という言葉をよく耳にします。これは、元々授業というのは楽しくないということを前提とした言葉であるとも言えます。そもそも子どもにとって授業とは、半ば強制的にやらされる嫌なものなのです。しかし、「嫌だけどがんばってやる。つらいけど我慢してやる」……そうしているうちに、継続することの心地よさや、分かる喜びが実感できてくるのです。

　授業には学力形成の他に、人格形成のために「子どもを鍛える場」という意識と態度で臨みましょう。

★……「せざるを得ない」状況をつくる

好むと好まざるとにかかわらず、授業に全員参加させなくてはなりません。そのためには、教師が、授業に参加せざるを得ないような状況をつくることが必要です。

例えば、意見は「考えなさい」ではなく「書きなさい」と指示して必ずノートに書かせたり、挙手した子に発表させるのではなく、教師が指名して発表させたりして、どの子もぼんやりしていることなどできない、授業に集中せざるを得ない環境をつくるようにします。

（まだ一文字も書いていない人は立ちましょう）
（書き始めることができたら座って続きを書きなさい）
（やばい…ぼーっとしてた）

＊参加せざるを得ない状況づくりで、全員参加を。

＋one point !

Step 1 教師主導で授業を進めることができるようにしましょう。とにかく45分間を、教師が中心になって仕切ります。

Step 2 おしゃべりをしている子や、ぼんやりしている子がいないか、目配りをしながら授業できるようにしましょう。

Step 3 発表形式や授業形態を駆使して、全員が授業に参加せざるを得ない状況をつくる工夫をしましょう。

Chapter3 授業術 ⑤ 優れた授業こそ「学習のきまり」が徹底

> 子どもは、授業時間に、学習内容を習得する以外にも、忍耐や勇気、協力などの力を高めています。授業はまさに人格形成の場そのものなのです。

★………学習規律は学力形成に必要不可欠

　学習内容の習得が授業の目的ですから、どうしても教科内容や指導技術にばかり意識が向いてしまいますが、「話は手を止めて聞く」「無駄話をしない」「指名されたら返事をして起立する」など、優れた授業ほど、授業を成立させるために必要なきまりが存在し、それがしっかりと守られているものです。

　学習規律を身につけさせることは、学力形成には不可欠な条件。そして、授業は、教科の内容以外にも、子どもが将来社会人として必要とされる「作法」、身につけなくてはならない「きまり」を習得させる場と意識して取り組むようにしましょう。

★………「やるべきことをやる力」を身につけさせる

　授業が始まれば席につかなくてはなりません。教師に「問題を解け」と指示されれば取り組み、「本を読め」と言われれば読まなくてはなりません。子どもであれば、授業が苦痛な時もあるでしょう。しかし、怠け心と闘いながら学習することで、忍耐力が身につきます。計算練習や漢字練習、教師の話を聞いて課題に取り組むことで、集中力が培われます。

　たとえ苦痛であっても、やるべきことは必ずやらせることで、子どもにさまざまな力を身につけさせなくてはなりません。

★ ………「反応する」態度を育てる

　教師の話や説明・指示、友達の発言などに対して、聞いているのかいないのか、分かっているのかいないのか……何の反応も示さない子どもは意外と多いものです。

　積極的に楽しんで授業に参加させるためにも、「返事をする」「話し手の方を見て聞く」「得心したら首を縦にふる」「疑問に感じたら質問する」「『もう一度』『聞こえません』などの要望を伝える」などといった反応を返させるように指導することも大切です。

＊叱り方の工夫で、学習規律を徹底させる。

＋one point !

Step 1 「規律ある授業」ができるようになることを基本にして、楽しい授業を無理に目指さないようにします。

Step 2 「時間だけは守らせる」「発言のきまりだけは守らせる」というように、「これだけは」というものを徹底して指導します。

Step 3 表情や言葉づかいなどを工夫して、明確で的確な説明・指示や発問、指導ができるように努めましょう。

Chapter3 授業術6 学習進度を徹底チェック

> 定められた学習指導要領に沿って、計画的に授業を進めることが、子どもたちの学力を保障し、教師としての信頼を得るための基本中の基本です。

★……学習内容のランク付けで、時間配分

　授業は生ものです。また、予定通りに進まないことも多々あります。教科書通りに内容を理解し、習得できる子どもは、そう多くはいません。つまずきをフォローするために補助教材を使ったり、復習を繰り返したりと、時間はあっという間に過ぎてしまいます。

　計画に余裕をもたせるためには、教える内容を重要度に応じてランク付けし、時間配分を決めるようにしましょう。必ず習得させたい内容や、繰り返し練習が必要な箇所、さっと流す程度でよいところなどを見極め、どの単元にどのくらいの時間をかけるかを決めながら計画を立てます。

★……１か月ごとの進度チェックと調整

　まずは、夏休みまでに終えておかなくてはならない単元を、各教科書や教務必携にメモなどをして把握しましょう。次に１か月ごとの進度予定を決め、月ごとに実際の進度と計画とを照らし合わせながらチェックし、進度を早めたり、じっくり学習に取り組んだりと調整します。週ごとにチェックする場合もありますが、あまりに綿密なチェックは、かえって子どもの実態を置き去りにするおそれがあるので要注意です。

★………学年で進度を調整する

　同じ学年であっても、クラスによって実態が異なるため、当然、学習進度にも差が出てきます。ただしそれは、学校側、教師側の言い分であって、実際、子どもや保護者は、教師が思う以上に進度に敏感です。ある程度は許容範囲ですが、あまりにも進度が違うというのはよくありません。学年で各教科の進度をこまめに報告し合い、必要に応じて調節していきましょう。

　また、特に若い教師は、ベテラン教師に進度の相談を積極的に行い、スムーズな調整が進むように働きかけましょう。

＊学年で進度をチェックし合うことで、計画的に授業が進められる。

＋one point！

Step 1 指導書にしっかり目を通して、学習進度や授業方法の計画を立てましょう。まずは指導書通りに進めることを目指します。

Step 2 他のクラスの進度を意識しながら授業を進めるようにします。積極的な進度の相談が、指導法のヒントにつながります。

Step 3 学習内容によって、時間配分を予測し、計画を立てる訓練をします。内容に応じて軽重を付けた指導を目指しましょう。

Chapter3
授業術 ❼ 学ぶのは子ども

> 丁寧な説明や手取り足取りの支援が、本当に子どもの力を伸ばすのでしょうか。学び考えるのは、子どもです。教師の自己満足にならないように、気を付けましょう。

★………必ず実行させる

　漢字や計算の誤りを見つけたら、必ず子どもにやり直し（実行）をさせなくてはなりません。ごまかしてやっていない子には、説教ではなく、「下校までに書いて、持ってきなさい」と指示し、話を聞いていない子には、「ちゃんと聞きなさい」と言うよりも、「今の話を繰り返し言ってごらん」と指導して、子ども自身に行動させなくては、意味がありません。

　「学ぶのは子ども」「活動するのは子ども」という大原則を、しっかり守って指導しましょう。

★………「考えなさい」から「書きなさい」へ

　「考えなさい」という指示では、子どもが真剣に課題に取り組んでいるか否かを確認することができません。考えるふりをして適当に時間を過ごす子や、友達の意見に軽くのってしまう子も出てきます。これを、「書きなさい」という指示に変えれば、状況は一変します。証拠がノートに残るので、真剣に考えなければならなくなるからです。

　子どもに課題をあたえ、考えさせる時は、「考えなさい」という指示ではなく、「書きなさい」という指示を出すようにしましょう。

★ 挙手から指名へ

多くの子が、「人前で話すのはちょっと……」「間違えたら恥ずかしい」と思っています。そして、自信のある子や人前で発表するのが苦にならない子だけが、いつも手を挙げています。これでは、手を挙げる子だけが活躍し、そうでない子はますます意欲を失う授業になってしまいます。そこで、挙手による発表ではなく、教師の指名による発表を中心に行うようにします。すると、これまで手を挙げられなかった子も、いつ指名されても発表できるように緊張感をもって授業に参加し、課題に真剣に取り組む意識が生まれます。

＊やるのは子ども。子ども自身をやる気にさせ、挑戦させる工夫を。

＋one point！

Step 1 挙手によって発表させるのを止め、教師の指名で発表させるようにしましょう。

Step 2 必ず書かせて考えさせるようにします。そのためにも、子どもに考えさせる時間は、十分に確保する必要があります。

Step 3 丁寧な説明や解説をしないように心がけます。「間違いです。やり直し」と、子どもに自ら挑戦させる指導が必要です。

Chapter3 授業術❽ 緊張と弛緩で学習効果アップ

> どんな子でも、45分間をずっと集中し続けることはできません。効果的に学力を身につけさせるためには、授業に適度な「ゆるみ」も必要になります。

★………集中する楽しさを味わわせる

　子どもは、基本的に考えることが大好きです。夢中になると、周囲の環境から意識を断って、集中して取り組みます。そこで、授業の中に、ぐっと集中させる時間をつくるように工夫します。例えば、かけ算競争、漢字の書き取りやクイズ、迷路などの学習ゲームを取り入れるのです。子どもが集中力を欠いたと感じた時や、気分を盛り上げて授業に入りたいと思う時に、これらの方法を利用するのです。
　短時間集中型で、子どもが夢中になって取り組む学習ネタをたくさん知っておけば、集中する楽しさを学ばせることができ、効果的に学習を進めることができます。

★………ユーモアのある授業を

　教師のちょっとしたお笑いネタや体験談などは、子どもの緊張を解きほぐし、次の学習に真剣に取り組む意欲を引き出してくれます。
　もちろん、授業は「真面目に真剣に」行うのが基本です。しかし、面白い話、ユーモアが一つもない授業では、現代の子どもはついてきません。集中力も続かず、学習効果も上がりません。
　少し余裕をもって授業に臨み、時にはユーモアを取り入れながら、担任自

身が授業を楽しむことも必要です。

★⋯⋯⋯授業のテンポを工夫する

　同じようなリズムで授業を進めると、子どもたちは疲れたり飽きたりして、学習効果が上がらないどころか、逆に下がってしまいます。

　子どもにじっくり考えさせたい時は、しっかり時間をとり、発表させる時は、矢継ぎ早にどんどん指名していくなど、一つの授業の中で内容に応じてテンポに変化を加えるようにします。テンポが変わると、集中のしどころと抜きどころが、子どもにも自然に身についてきます。

＊集中する楽しさを味わわせることで、学習効果がアップする。

＋one point！

Step 1 計算や漢字迷路などの学習ゲームを授業に取り入れて、集中する時間をつくりましょう。

Step 2 授業にユーモアを取り入れましょう。慣れない間は、自分の体験談を話すことから始めます。

Step 3 指示を出すタイミングや、発問に対する解を考えさせる時間などを工夫して、リズムに変化を加えて授業しましょう。

Chapter3 授業術9 スキルアップは「ねらい」を中心に

> 授業の組み立てを考えたり、教具を工夫したり、教育技術を駆使したりするのは、すべて授業の「ねらい」を達成するためです。日頃の技術研究も「ねらい」を中心にしていくことでスキルアップが望めます。

★………「ねらい」を定めて授業に臨む

　指導書通りに45分間を流して終えるだけの授業や、単に子どもが楽しく時間を過ごしているだけの授業をしていては、教師の授業技術は高まりません。授業には「ねらい」があります。教師は、45分間で、子どもにどのような知識や技術を習得させ、指導していくのかを、いつも明言できるようにしておかなくてはなりません。「ねらい」を明確にすることで、その「ねらい」を達成するためにはどのような授業の組み立てが効果的か、発問はどうすればよいか、どのような教具が必要かなどが見えてくるようになり、工夫を考える力が身についていきます。

★………研究授業は「ねらい」を中心に見る

　研究授業を参観するときは、その授業が、「ねらい」に迫っているかどうかを考えながら参観しましょう。教師の指示や発問は、「ねらい」に迫るものであったか？　教材や教具は、「ねらい」を達成するために効果的に働いていたか？　授業の組み立てや流れが、「ねらい」に近づくために適切であったか？　そうした確認をしながら、「ねらい」に迫るために授業がどのように進められていたかという視点で参観して、「良い授業・分かる授業」とはどういう授業

なのかを考えていきましょう。

★ 指導案の読み方を工夫する

　配布された指導案の読み方を工夫することで、効果的に研究授業を参観することができます。指導案には、必ず「ねらい」が書かれていますが、あえて先にそれを見ないで指導案を読んだり、実際に授業参観したりします。すると、その授業が何を目的に行われているのかを考えざるを得なくなります。自分自身の授業の「ねらい」を見抜く力にもなり、良い授業かそうでないかを考える材料にもなります。

＊「ねらい」を中心にして授業を考えることで、授業技術が身につく。

＋one point！

Step 1　授業は、必ず「ねらい」を定めて臨むようにします。すると、「ねらい」を達成するために必要なことが見えてきます。

Step 2　指導案を見ないで研究授業を参観し、その授業の「ねらい」が何なのかを考えるようにしましょう。

Step 3　研究討議で、「ねらい」に迫るために効果的な点や改善点などの意見を必ず発言するようにしましょう。

Chapter3 授業術⑩ 先輩に授業を見てもらい、見せてもらう

> 授業技術を高めるためにもっとも効果的なのは、自分の授業を見てもらい、批判してもらうことです。授業技術が高く、信頼できる先輩にお願いし、機会を見つけて、可能な限り授業を見てもらいましょう。

★………自ら学びを求める姿勢

　教師という仕事は、学びを求める者にだけ学ぶ機会が訪れます。授業がうまくなりたいと思えば、自ら進んで授業を見てもらう機会をつくらなくては、学ぶ場は訪れません。

　教師は、他人から厳しく指導されたり、批判されたりする機会が少ない仕事です。時に「自分のやり方が最高！」と思い上がってしまうこともあるでしょう。特に若い時は積極的に、授業を先輩に批判的に見てもらい、指導を受ける機会を自らつくることが必要です。他者からの批判と指導が、授業技術を高めてくれます。自らが進んで学ぶ姿勢を示してこそ、子どもに「学び」の大切さを教えるに値するのです。

★………発表の場を積極的に求める

　校内外で行われる研究授業には、自ら進んで授業公開を希望しましょう。若い時の失敗は買ってでもする気概がなくては、授業技術は身につきません。若い時だからこそ、失敗しても恥ずかしくなく、批判されても柔軟に受け入れることができるのです。もし、公に研究授業のない職場であっても、例えば同じ学年の先生に授業参観と事後の指導をお願いして、可能な限り授業を見

てもらい、学ぶ機会を自ら積極的につくるようにしましょう。

★⋯⋯⋯授業を見る機会をつくる

　空き時間を利用して、先輩教師の授業を参観するようにしましょう。

　どの学校にも、お願いすれば授業を参観しても構わないと言ってくれる教師はいます。「授業のことがまったく分からないので」「授業の仕方を教えてください」とお願いすれば、快く参観させてくれる教師はいます。そして、そのような教師の授業は、学ぶ価値があると思って間違いありません。あらかじめ、都合の良い時間を打ち合わせて参観させてもらうようにしましょう。

＊学びの機会は、自らが積極的に求めなければ訪れない。

＋one point！

Step 1 とにかく先輩教師に授業を見てもらいましょう。気付いたことを教えてもらい、必ず記録に残しておきます。

Step 2 可能な限り、先輩の授業を見せてもらうようにもしましょう。「良い授業」というものが分かってきます。

Step 3 校内外の研究授業には積極的に手を挙げて、授業者として参加するように努力しましょう。

column

3

「誰のためにやっているの？」

　教師の仕事を始めてすぐに、私は、授業のおもしろさにとりつかれ、全国各地の研究会を歩き回っていました。それは今も変わらない、道楽のようなものなのですが。
　とにかく若い頃は、研究会で学んだことを、すぐ自分の教室で実践して、子どもの反応を確かめ、授業の様子を論文や学級通信にまとめては、研究サークルの例会で発表していました。研究サークルでは、やる気のある仲間が集まりますから、互いの実践を批判し合い、指導の技術を高め合っていたものです。月に一度の定例会に合わせて目新しい実践を行い、それを資料としてまとめ、定例会でそれを発表して仲間と語らう……。いつしか私の教師生活は、研究サークルを中心に回るようになっていきました。振り返れば、研究サークルで発表するために、研究するようになっていたのです。
　「先生は、誰のために授業をしているのですか？」
　ある時、先輩教師から、そう問われました。
　「研究もいいですが、もっと子どもを見てあげないと」
　お恥ずかしい話ですが、時には子どもにプリントをやらせながら、授業実践を論文にまとめていたこともありました。私は、「子どものための研究」ではなく、「研究発表のための研究」をしていたのです。それはそれで意味のあることかもしれません。しかし、私は、「授業は子どものためにある」をポリシーにしていたつもりでした。
　その出来事から、私は原点回帰し、無理をしてまで研究サークルで発表するのをやめることにしました。子どもに必要な授業を真摯に行い、納得してはじめてまとめ、発表するというやり方に変えたのです。
　誰のための研究か？　何のための研究か？　原点を見つめ直すきっかけになりました。

Chapter 4

ダンドリ術

授業、生徒指導、学級事務、校務分掌……と、
教師の仕事は多岐にわたります。
子どもと関わる時間や教材研究の時間を確保するためには、
また、より充実した仕事を進めるためには、
上手にダンドリをして、
時間を有効に使う技術を身につけなくてはなりません。

Chapter 4 ダンドリ術
できる教師は時間使いのエキスパート！

> 仕事の内容に応じて効率的に仕事を進めることで、時間に余裕が生まれ、そして、自ずと集中力も高まってくるものです。一つひとつの仕事について時間を有効に使うことをとことん意識して取り組みましょう。

　教師本来の仕事は、授業や生徒指導を通して、子どもと関わりながら、子どもの成長を促すことです。
　ところが、情報公開や危機管理の徹底をはじめとする近年の教育をとりまく環境の変化によって、学校現場は年を追うごとに多忙になってきました。教育に過剰なまでにサービスを求める保護者への対応、あとからあとからやってくる報告文書の処理……子どもの指導とは直接関係のないさまざまな雑務に追われ、教師は疲弊しきっています。
　それが原因で、本来教師がもっとも大切にしなくてはならない授業や生活指導を研究し、追究する時間が奪われています。そして何よりも、子どもと触れ合い、子どもに思いをめぐらせる大切な時間が奪われています。その結果として、子どもを見つめ、じっくり向き合う余裕も、子どもを指導する自信もなくしてしまう教師が増えています。
　だからこそ、「仕事の進め方を変える」「時間の使い方を変える」という自己変革を行わなくてはなりません。どうすれば、仕事を効率的に進められるか、どうすれば時間をつくり出すことができるか……。目の前のできることから少しずつ改善を試みていきましょう。仕事のやり方を工夫して、少しでも時間を生み出し、教材研究や生徒指導に力をそそぐ。また、余暇を楽しむ時間を確保して、オンとオフをしっかり切り替える。そうすることで、心に余裕が生まれ、仕事への活力も湧いてくるのです。
　仕事の進め方を変えることによって時間を生み出し、教室の子どもと接する時間を1分でも多くつくりましょう。授業や生活指導について研究する時間を1分でも多くつくりましょう。家族や自分自身のための時間を1分でも多くつくりましょう。そして、充実感を味わいながら、毎日をじっくり楽しみましょう。

残念な状況

> あ〜早く帰りたい。どうすればいいんだろ〜

> この前ゴルフでね / 楽しそう！

ダラダラ

＊時間を意識せずに仕事をすると、時間を無駄に使うことになる。

目指すべき姿

シャキノ

> よし！17時までにこの仕事を終えるぞ！

> まず、ノートをチェック。その次に…

＊時間を意識してダンドリをつけることで、効率的な仕事ができる。

Chapter4 ダンドリ術① まずは1年間の仕事を把握する

> 新年度の初めの会議で発表される年間計画をじっくり見てみましょう。1年間には、忙しい時期と余裕のある時期があります。計画的な労力の配分がポイントです。

★……… 1年間をイメージして

　年度初めの4月や、運動会・音楽会などの大きな行事のある季節、通知表をつける学期末などは、学校が特に忙しくなる時期です。反対に、特に大きな行事もなく、学級事務もそれほど多くはなくて、落ち着いて仕事ができる時期もあります。

　学校には、1年の間に忙しさの山と谷があります。経験が少ない頃には難しいかもしれませんが、先輩教師に教えてもらいながら、各月の教師の仕事の仕方についてできるだけ具体的にイメージしておき、心積もりをしておきましょう。

★………計画的な時間の使い方を

　忙しい時期は、複数の仕事が一気にやってきます。後回しにしたり、間際になって仕事を始めるのでは、いくら時間があっても足りません。他の仕事が気になってパニックになってしまいます。少し時間のある時に、前もって仕事を進めておいたり、忙しい時期に子どもの指導を見落とさない方法を考えたりと、計画的に仕事をするようにしましょう。

　例えば、名簿作りや学級経営案作成などの仕事は、できるものから春休み中に進めます。また、運動会の準備は、夏休み中に終わらせてしまうなど、時

間に余裕があるうちに少しずつ進めておきましょう。

★ 子どもの指導に支障のない計画を

　教師の仕事は、校務分掌や学級事務などの、いわば「事務的な仕事」と、授業や学級経営、生活指導といった「本来の仕事」に分けることができますが、近年の学校現場は、前者の事務的な仕事が増えています。授業や学級経営といった「本来の仕事」の時間を十分確保するためにも、「事務的な仕事」を効率よく処理できるように計画して進め、教師の本分である子どもへの指導に支障をきたさないようにしましょう。

＊具体的に仕事内容を確認しながら、1年間をイメージする。

＋one point！

Step 1 主任と、毎月初めに、その月の仕事内容と動き方などをできる限り確認し合い、具体的にイメージしましょう。

Step 2 前年度の経験をもとに、年間予定を見ながら、忙しい時期と余裕の時期に、どんな仕事をすればいいのか考えましょう。

Step 3 増えてくる校務分掌の仕事に対応できるように、1年間の仕事の予定を把握し、計画的に仕事を進めましょう。

Chapter4 ダンドリ術❷ 職場に着いたら、すぐ仕事

> 出張依頼の文書や担当の教師への提出物など、日々、雑務的な仕事が舞い込んできます。出勤したら、すぐに仕事を始めて、仕事をためないようにしましょう。

★………仕事モードで職員室に

　通勤中に、徐々に気分を仕事モードにしていきましょう。意識して仕事のことを考えながら職場に向かうようにして、職員室に入ったその瞬間から、早速、仕事モードになっているようにします。

　前の日に、翌日の仕事予定メモを書いて机の上に置いておき、翌日には朝一番でそのメモを見て、仕事開始。また、特別な行事はないか、提出物はないか、子どもに指導することはないかなどもサッとチェックします。チェックをすることで、気持ちは完全に仕事モードに切り替わっていきます。

★………まず、教室に

　職場に着いてすぐ、仕事予定メモをチェックして、簡単にできる仕事をやり終えたら、早速教室に向かいましょう。その間、廊下で子どもたちとあいさつを交わすことで、徐々に気力が高まっていきます。教室に入ったら、時間割を確かめたり、教卓やロッカーの整理をしたりしながら、教室に入ってくる子どもたちとあいさつや会話を交わしたりして、子どもの様子を観察します。

　朝一番で子どもと接することで「教師としての仕事が始まる」という気分が完全に整い、仕事全開モードになります。

★………「仕事はためない!」を基本に

近年、教師の仕事として、単調な事務仕事が頻繁に舞い込んでくるようになってきました。手間がかからないものがほとんどで、それを理由に後回しにしがちですが、些細な仕事も、積み重なれば大きな負担になります。5分もあれば書ける書類、教室に取りに行けば提出できるもの、電話やメールで連絡できることなど、わずかな手間や時間でこなせる仕事は、頼まれたと同時に取りかかることが大切です。「仕事はためない!」を基本に、やれる時にすませることを心がけましょう。

＊出勤してすぐ仕事に取りかかることで、充実した1日になる。

+ one point !

Step 1 何はともあれ、出勤して荷物の整理をしたら、すぐに教室で子どもを待ちます。そうすることで、仕事モードに入ります。

Step 2 翌日の最初にやる仕事をメモに残して帰宅します。朝一番にメモを見たら、すぐに仕事に取りかかる癖をつけましょう。

Step 3 仕事は、受けたその日のうちに終えることを心がけます。そのためにも、職場に着いたら、すぐに仕事にかかります。

Chapter4 ダンドリ術❸ 仕事の少量化はデータの再利用で

> 授業や生徒指導のために作成したプリント類やデータは、検索しやすいかたちにして保管しておきましょう。あとで利用する可能性が高く、仕事の少量化につながります。

★……使ったプリントやデータは宝物

　自分で作ったり、同僚にもらったりした指導用のプリント類やデータは、必ず保管が鉄則です。次の年に違う学年を担任して使えないと思っても、後々、同じ学年を担任することになる可能性は大いにあり、思わぬところで役に立つことが多々あります。経験を積んで、授業の力量が上がったり、指導内容が変わったりしても、以前使った物を参考にすることもできます。作り直すとしても、一から作るより、それを活用することで、より質の高い物を素早く作ることができます。また、保管をする際には、あとで検索しやすいように、保管場所やファイル名を工夫しておきましょう。

★……分かりやすい整理が基本

　ある学年を担任したら、クリアファイルを1冊準備しましょう。1年間使用したプリント類を教科別に整理して、保管するのです。プリントの裏には、単元名と使用年度を鉛筆で書いておきます。

　また、データ類は、「学年→教科→使用単元」などというようにフォルダを作り、文書名に使用年度と名称を付けて保存するとよいでしょう。教具用のUSB記憶媒体などを準備して、そこにデータを集約するようにします。

★ ……… 情報の更新を忘れずに

　以前のデータやプリント類を使用する際は、そのまま使わず、必ず再検討しましょう。必要に応じた修正はもちろん、勤務校の方針や担任した子どもの実態を考え、効果的なものにしなければなりません。

　また、先輩教師や他校の教師から、新しい情報を仕入れて整理することも必要です。自分が気付かなかった指導ポイントや、子どもに使いやすい工夫を見つけることができます。情報を多くもつだけではなく、それをきちんと整理・管理・更新することが、効果的かつ効率的な仕事につながります。

＊プリントや資料を再利用することで、仕事を効率化する。

＋one point！

Step 1 先輩からもらった資料や、ファックス集をコピーして使ったりしたプリント類は、必ずファイリングして残しましょう。

Step 2 教材資料や指導案などのデータは、検索しやすいように整理してまとめ、分かりやすく保管しておきましょう。

Step 3 以前使った資料や教材を再度使用する時は、そのまま使わず、必ず検討を加え、自分なりに改訂してみましょう。

Chapter4 ダンドリ術④ 「遮断する力」の威力

> 仕事に集中するためには、時には外部との交流を遮断しなければなりません。同僚とのコミュニケーションも、もちろん大切ですが、自分の仕事をためてしまっては、意味がありません。

★………仕事が終わるまでは周囲を遮断

特に子どもが下校したあとなどは、同僚と世間話などをしてリフレッシュしたくなるものです。それは、職場の雰囲気や同僚とのチームワークを高めるためにも必要なことなのですが、自分の仕事が残っているのに、それほど興味もない話題に、だらだらと参加するのは考えものです。

もしも、やらなくてはならない仕事が残っているのならば、いくら楽しそうな会話が周りで始まったとしても、それを遮断して、仕事に集中するように心がけましょう。

★………孤独に耐える強さを

学校という職場は、教育という仕事を通じて教師がつながっています。何か仕事をしている最中に、世間話や教育と無関係な話で周囲が盛り上がったとしても、必ず参加する必要はありません。もしも、会話に参加せず、仕事を続けている人がいるとして、その人を白い目で見るような雰囲気があるとすれば、その職場に問題があると言わざるを得ません。

周囲の状況に影響されることなく、自分一人でも仕事に集中することのできる強さも、仕事には大切です。

★………礼を失することのない遮断の仕方を

　黙々と仕事をしている時に声をかけてくる人がいたら、それは重要な用件があると考えて間違いありません。仕事を中断されたとばかりに、ムッとした顔で迷惑そうな態度をとらないように気を付けましょう。

　仕事に集中するために、自分から他の人に話しかけないようにしても、相手が話しかけてきた場合は別として、必ず手を止めて笑顔で応じ返し、話を聞きましょう。たとえ些細な事柄であっても、話しかけられたら笑顔を向けるのが大切なのです。

＊時には周囲を遮断することで、仕事を効率的に進める必要もある。

+one point !

Step 1 　教室でやれる仕事は、できるだけ教室でやり終えて職員室に戻るようにしましょう。

Step 2 　周りが楽しい話題で盛り上がっても、自分の仕事の目処がつくまでは、参加せずに集中して取り組みましょう。

Step 3 　職員室で仕事をする時は、周囲が話しかけるのを躊躇するくらい集中して行うようにしましょう。

Chapter4 ダンドリ術❺ 「余裕」の計画を

> 予定していた計画が、不意のトラブルなどで狂うことはしばしばです。それを見越して、あらかじめ余裕をもたせて、計画を立てるようにしましょう。

★………「予定は狂うもの」と認識する

　子どもの指導や保護者への対応などで緊急の仕事が入り、計画していた仕事の流れが大きく狂って、時にイライラすることもあります。しかし、人間を相手にしている学校現場は、自分の都合通りに仕事を進めることができないのが普通だと考えなくてはなりません。

　予定外の仕事が入ってきても、慌てることのないように、できることをやれる時にどんどんこなしてしまうような、あとに余裕をつくる仕事の進め方をする必要があります。

★………空白の時間を予定に入れる

　1週間の計画を立てる時、何も仕事をせず、自由に使える空白の時間を、必ずつくっておくのがポイントです。例えば、金曜日の放課後を「予備時間」として仕事を入れないようにします。そうすることで、予定外にずれ込んでしまった仕事の時間をつくることができます。逆に、何も仕事がなければ、次の仕事を早めて入れることも可能になります。いつも必ず空白時間を計画に入れて、余裕をもった仕事ができるように心がけましょう。

★………締切りの期限を自分で早める

　書類仕事などは、決められている提出期限まで時間があると、つい甘えが出てしまって、ぎりぎりになるまで手を付けないおそれがあります。毎日多忙を極める仕事をしている教師なら、なおのことです。

　締切りの期日まで余裕がある時は、自分で締切り期限を早めてこなしてしまいましょう。締切りを早くすることで、仕事に早く取りかかる決意もできますし、途中で不測の事態が起きても余裕をもって仕事を進めることもできます。

＊余裕の計画で、子どもや保護者対応にも落ち着いて取り組める。

+ one point !

Step 1 　子どもとの触れ合いや生徒指導対応にたっぷり時間を割り振った計画を立てましょう。

Step 2 　予定が少々狂っても、できる限り早く修正できるように、あらかじめ余裕をもたせて計画を立てるようにしましょう。

Step 3 　子どもや保護者対応があるものと考えて、学級事務やマル付けなどは、早く仕上げるように心がけましょう。

Chapter4 ダンドリ術❻ 「子どもが動く」学級づくりが教師を助ける

> 教師がいなければ行動できないクラスでは、いつまでたっても時間と労力を消耗してしまいます。時間と労力の無駄を省く秘訣は、「子どもが自ら動く学級づくり」です。

★………子どもが育てば、教師が助かる

　子どもの自主性が育つことは、子ども自身のためだけではなく、教師にもありがたいことです。子どもたちが自ら考えて行動できるクラスであれば、教師が手取り足取り指示する必要がなく、その分、さらに質の高い指導に時間をかけることができます。

　自主性は、日々の指導によって育つものです。日常のあらゆる場面で、子どもに「なぜ？」と考えさせる指導に努め、自ら思考する力、進んで行動する力を高める必要があります。その場面をとらえて、指導の場としていくことが教師の役割であり、助けにもなります。

★………「考えさせる」指導が自主性を育てる

　子どもに自ら考えさせるチャンスは、日常のあらゆる場面に転がっています。そのことを教師はしっかり認識して、子どもが自ら考える指導を根気よく繰り返し、その結果として、「今、何をする時か？」「どう行動すればよいか？」と、実際に子ども自身が考えて行動することができるようになれば、それは教師にとって願ってもないことです。何よりも、子どもの力をさらに伸ばすための時間と労力を費やす余裕が生まれます。

★ 時間を意識させる指導を

　子どもは、目の前のことに夢中になると、時間に無頓着になります。例えば、給食の時間が終わる5分前になっても会話に夢中になって、時間内に食べ終わろうという意識がまるでないといったようにです。そして、教師はその指導に労力を使い、時間はどんどん過ぎてしまいます。こういった状況には「あと○分で終わるよ」「時計を見てごらん」と時間を意識させた指導を行います。すると、子どもは徐々に時間を意識しながら行動するようになり、教師は、不必要な指導にかけるエネルギーを減らすことができます。

＊子どもの自主性を高める指導が、教師を助けることにつながる。

＋one point！

Step 1 授業開始と終了時刻をきっちり守って、時間を厳守する姿勢を示しましょう。子どもは自然に、時間に敏感になります。

Step 2 「こうしなさい！」と、解を押し付ける叱り方をしないこと。必ず子どもに、解を考えさせながら指導しましょう。

Step 3 楽しい学級イベントを仕掛けて、子どもに企画運営をさせながら、自主的に考えて動く力を育てましょう。

Chapter4 ダンドリ術 ❼ 説明・指示の無駄を省く

> 連絡や説明・指示、確認事項は、すべての子どもに確実かつ正確に伝わらなくてはなりません。そのために費やす労力や時間は、考えている以上に大きな負担になります。

★……短く、明確に、一度だけ

　すべての子どもに、指示したことを確実に理解させるためには、まず、短く、明確な言葉で伝えなくてはなりません。長々とした説明が加わると、特に集中力のない子には、まったく理解させることができないことになります。理解させるために、さらに何度も同じ指示を繰り返すことになり、時間と労力が浪費されることになります。

　そして、指示は一度だけが基本です。二度も三度も繰り返すと、子どもは真剣に聞かなくなります。「あとで聞けばいいや」と、真剣に聞く姿勢を崩すことになります。「指示は、短く、明確に、一度だけ！」です。

★……黒板を最大限活用する

　連絡事項や、伝えたいことがあっても、始業前や休み時間など、教室に子どもがそろっていない時は、全員を集めて伝えようとすると、かなりの時間を要することになります。そこで、黒板を活用します。

　連絡内容を板書しておき、誰かに「必ず黒板を見て行動するように」と伝えておきます。たとえ教師が教室にいたとしても、話をするよりも、板書で伝えた方が、時間も労力も無駄をなくすことができます。

★ 当番や係の子どもに伝言する

　所用で教室に戻れない時などは、日直や連絡係の子どもに連絡事項を書いたメモを渡して、クラス全員に伝えてもらうように指示します。簡単なことなら口頭で、時間割や準備物など正確に伝えなくてはならないことは、黒板に転記するよう指示します。

　教室に戻ったら、クラス全員が連絡事項や指示した内容を理解しているかを、ランダムに質問して発表させたり、連絡帳に書かれているかをチェックしたりして、簡単に確認をするようにしましょう。

＊説明や指示を理解させるための工夫で、無駄な労力と時間を省く。

＋one point！

Step 1 短く明確な言葉で指示を出すことができるようにしましょう。子どもの動きで、自分の指示の善し悪しを確認します。

Step 2 文字は確実に伝えることができる方法です。黒板の使い方と子どもが理解しているかどうかの確認方法を工夫しましょう。

Step 3 当番や係の子を動かしたり、ゲーム化して指示を聞かせたりと、さまざまなパターンを工夫して労力を少なくしましょう。

Chapter4 ダンドリ術❽ 欠席した子がいても授業が遅れないコツ

> 欠席で前の日の授業を受けていない子に対しては、必ず前時の学習内容を教えなくてはなりません。授業を工夫することで効果的に、しかも効率的に時間を使って教えることができます。

★………欠席者の学力保障は授業中に

　欠席した子の学力を保障するために、休み時間や放課後を使うことがしばしばあります。これは案外、負担に感じるものです。そこで、連続して３日以上欠席をした場合を除いて、欠席の子の学力保障は、授業時間内に行います。重要なポイントだけをクラス全員で振り返りながら、欠席した子を指名して、理解できているかを確認しながら、復習します。１日の欠席で、特別時間をとって指導する必要のないように、授業の組み立てや授業方法をしっかり考えるようにしましょう。

★………授業は「前時の復習」から

　算数のように、前の学習が抜けると、次が分からなくなってしまう学習があります。そのまま進めてしまうと、まったく理解できない状態で、その時間を過ごすおそれもあります。欠席した子がいるいないにかかわらず、次のステップに進むために、必要であれば必ず前時の学習を振り返らせながら授業を進めなくてはなりません。このような配慮のある授業を日頃から行うことが、子どもの学力保障はもちろんのこと、時間短縮につながるのです。

★………欠席した子を主役にする

　欠席した子の遅れは、「主役」にすることで効率的にカバーすることができます。まず、クラス全員に、欠席した子は「何も分からない」ことが前提だと伝えておきます。その後、他の子に発問しながら、前時の学習のポイントを押さえさせ、直後に欠席した子に同じ発問をしながら全員に理解させていきます。欠席した子は、間違えたり答えられなかったりしても当たり前だという安心感はあるものの、必ず指名をされることになるので、うかうかしていられません。緊張し、集中することで、理解が抜群に速くなるのです。

＊欠席者には、授業の工夫で、効率的かつ効果的に教える。

＋one point !

Step 1　欠席した子には、必ず前時の学習ポイントを伝えます。ポイントを明確にして、短時間で伝えるようにしましょう。

Step 2　授業の本題に入る前に、必ず前時の学習ポイントを、クラス全員で確認しましょう。

Step 3　欠席した子が、自然に「主役」になる授業の進め方ができるような工夫を考えましょう。

Chapter4 ダンドリ術 ⑨ ノートチェックや採点は「すきま時間」がカギ

> ノートチェックや毎日の宿題のマル付けも、子どもの数が多くなると負担です。テストのマル付けや採点にも、時間がかかります。これらを工夫して、効率的に作業を進める必要があります。

★………ノートは必ず授業中にチェック

　教師は、ノートの書き方をチェックして評価する必要がありますが、チェックと評価を授業中に行ってしまうのがコツです。授業中に行うことで、リアルタイムに指導できる上、子ども一人ひとりに対応することが可能です。また、授業中に行う練習問題のマル付けも、当然、授業中に終わらせます。子どもにノートを持ってこさせてその場で、あるいは子どもが作業している時に、またあるいは机間指導を行いながら、ノートをチェックしていきます。

★………利用できる時間をすべて活用

　宿題ノートがどっさりと積まれているのを見ると、時にはうんざりすることもあるでしょう。空き時間や休み時間などのまとまった時間は、他の仕事に充てたいところです。そのためにも、宿題のマル付けは、わずかなすきま時間を使ってでも、少しずつ進めるようにします。例えば、始業前は、朝教室に行って子どもを迎え、あいさつや会話をしながらマル付けができます。授業中の音読練習や計算練習も、子どもの様子を見ながらマル付けができます。「塵も積もれば……」ではありませんが、こうして少しずつ進めることで、時間を有効に活用できますし、精神的な負担もグッと軽くなります。

★………採点は効率的に

　テストは、できた子から提出させます。そして、提出されたテストは、すぐに採点していきます。この時、採点する机と提出用机を分けておきましょう。また、マル付けは、例えば1番の問題だけを全員分マル付けしていきます。少数の問題を何枚もマル付けすることで、回答欄を見なくてもマル付けができます。また、記述などは採点の基準がぶれなくなるので、あとで「あの子はマルなのに、僕はバツだ」というようなわずらわしい問題を防止することにもなります。

＊効率的な方法を考えて、時間を生み出す工夫をする。

＋one point！

Step 1 宿題やテストのマル付けは、原則、職員室に持って帰らず、教室で終わらせるようにしましょう。

Step 2 テストの採点は、できる限りその日のうちに終わらせることができるように、時間を見つけてこなせる工夫をしましょう。

Step 3 「すきま時間」を見つけて、宿題のマル付けをする時間をつくり、1冊でもチェックを終わらせる気持ちで進めましょう。

Chapter4 ダンドリ術 ❿ オンとオフの切り替え上手に

> 仕事を終えて帰宅したあとや週末は、激務との格闘による疲れを癒すための貴重な時間です。しっかり切り替えて、リフレッシュし、次の仕事に備えましょう。

★………「量」より「質」

　長い時間職場にいたからといって、良い仕事ができるとは限りません。同じ仕事を仕上げるのに、2時間かかる人もいれば30分で終わる人もいます。長い時間職場にいたとしても、世間話をしたり、何もせずにぼんやりしたりしていたのでは、時間を無駄に過ごしているだけです。

　仕事で大切なのは、費やした時間の長さではなく、いかに効率的に時間を使いこなせたかなのです。質を意識した仕事をして、集中して、少しでも早く終わらせ、生み出した時間を趣味や休養に使い、エネルギーを充電する時間に充てましょう。

★………学校の仕事は持ち帰らない

　教材研究や学級事務、校務分掌の仕事、子どものノートチェックやテストのマル付けなどは、学校で済ませて帰宅することが基本です。家庭に学校の仕事を持ち帰ると、1日中、学校の仕事をしている気分になってしまい、いずれ精神的にまいってしまうでしょう。

　学校の仕事は、学校にいる間に必ず終わらせる決意が大切です。その時、「遅くても18時まで」と、学校を出る時刻を先に決めておきます。時間を決めることで集中力が生まれ、効率的な仕事の仕方が身につきます。

★……… 休む時は思いきり休む

　仕事に集中するのと同じくらい、身体を休める時間をしっかり確保しなくてはなりません。同じ1日の中でも、仕事に集中する時間とリフレッシュする時間のけじめを、しっかりつけることが大切です。

　また、職場である学校を出たら、趣味を楽しんだり家族と過ごすことに時間を費やして心身の疲れをしっかりと癒すことが、より良い仕事をすることにつながります。仕事ができる人は、オンとオフの切り替えが上手にできる人です。

＊オンとオフの切り替えで、充実した時間を過ごすことができる。

＋one point！

Step 1 一つの仕事を終えるまでは、その仕事に集中します。終わったら一休みするというように、切り替え上手になりましょう。

Step 2 子どものノートやプリントなどを家に持ち帰らず、必ず、学校で完結して帰宅するようにしましょう。

Step 3 週に1回、「自主ノー残業デー」にチャレンジしましょう。仕事のやり方が変わってくるのを実感することができます。

column 4

仕事のやり方の根本を考える
きっかけになった出来事

　職場に遅くまで残って仕事をすることが、教師としての力量も上がり、誠実な姿勢であると、若い頃の私は疑うこともなく、ただそのように考えていました。また、全国各地を講演で飛び回り、多くの本の執筆をされているような著名な先生方は、とてつもなく忙しく、当然、寝る間も惜しんで仕事をされているものだと思い込んでいました。ですから、私自身、帰宅するのは、いつも20時過ぎが当たり前。

　ある時、研究会後の懇親会で、著名な先生方に、仕事のやり方や時間の使い方を伺う機会がありました。

「先生の睡眠時間は、だいたいどれくらいですか?」
「睡眠は、たっぷり7時間はとってるよ」
「帰宅されるのは、何時くらいですか?」
「遅くても18時には学校を出るね」

　睡眠時間は極端に少なく、帰宅時刻は相当遅いものと疑いもなく思い込んでいた私は、こうした先生方の答えにただただ驚くばかり。

「どうして、そんなことができるのですか?」

　思わず言ってしまった私に、

「あなたを基準にしては、ダメだよ!」

　雷に打たれたような衝撃のひと言が返ってきました。

　能力は人によって異なります。時間の使い方も、上手な人もいれば、下手な人もいます。その時の私は、まさに、自分の仕事のやり方や能力のみを基準にしていたのでした。今思い返すと、とても恥ずかしいことです。

　この出来事がきっかけで、私自身の仕事のやり方や時間の使い方についての考え方が、根本的に変わりました。今までの自分に対して、一から見直しを行い、本当に必要なかたちに修正していくことができたのです。そのおかげで、今では人並みに充実した仕事もでき、余暇もしっかり楽しむことができるようになっています。

Chapter 5

関係術

担任がすべての問題を一人で抱え込んでしまっては、問題を解決できないだけではなく、事態が悪化するおそれがあります。子どもを理解し、的確に指導するためには、教師同士や学校組織としてのチームの連携を活用することがポイントです。

Chapter 5 関係術
トラブルは一人で抱え込まなくていい！

> 周りの大勢の大人が関わって見守り、指導することでこそ、芯のしっかりした教育が期待できます。教師は、自分一人の力を過信してはいけません。悩みを一人で抱え込んでもいけません。

　担任したクラスと子どもたちのより良い成長のために、担任は全力で日々の教育活動に取り組まなくてはなりません。教師というのは基本的に真面目で責任感が強く、誠実に自分の仕事に向き合っています。

　ところが、責任感が強い分、「子どもの学力が伸びない」「学習規律が乱れている」といった課題を、すべて自分一人で抱え込んでしまう傾向もあります。「子どもの学力が伸びない」「学習規律が身につかない」などといったことは、教師の指導力不足によるところが大きいことは確かです。しかし、だからこそ、他の教師の助言や指導が必要となり、生かされていくはずなのです。また、学年チームや学校全体で対応した方が効果的な場合があることも忘れてはなりません。特に経験の少ない若い教師は、ベテラン教師のように最初からうまくはいかないのが当たり前なのです。経験が不足しているのですから、先輩教師に教えてもらいながら、指導力を高めていかなければなりません。

　それにもかかわらず、指導に関する悩みを一人きりで抱え込んでしまうのは、責任感があるのではなく、むしろ謙虚さに欠けると言わざるを得ません。一つの教室を任され、先生と呼ばれて、「自分はできる」と勘違いして、妙なプライドだけが高くなってはいないでしょうか。評価システムが導入されてから、教師間の連携が薄れてきたとも言われます。評価が気になって、子どもの指導や課題についての悩みが相談しづらくなっているのかもしれません。しかし、若いうちから、他人の評価ばかりを気にしても仕方ありません。「分からないことがあって当然」「教えてほしいことは頭を下げて教えてもらう」……それが教育者として誠実な姿勢ではないでしょうか。

　体裁だけ取り繕って、子どもに向き合うために真に何が大切かという教育の根本を忘れてしまっては、教師としての成長などありません。何よりも、子どもたちの成長のために、課題や悩みは共有して、チームで取り組むことが重要です。

😞 残念な状況

> どうすればいいのかな…？
> 他の先生に知られたら、指導力不足って思われちゃうな。

＊一人で抱え込むと、取り返しのつかない大問題になるおそれが。

👍 目指すべき姿

> どうすればいいのかな？
> 早速、主任に相談しよう！きっといい方法をアドバイスしてくれる！

＊チームで対応することで、問題が解決し、指導力も向上することに。

Chapter5 関係術① 職員室は人材の宝庫

> 職員室には、それぞれ得意分野をもっている教師が集まっています。先輩教師の助言を得たり、刺激を受けるなどして、学級経営に生かしましょう。

★⋯⋯⋯得意分野をつくって楽しく仕事を

　教室掲示に自信がある教師、生活指導で経験を積んでいる教師、ダンス指導なら誰にも負けないという教師……それぞれの教師が得意な分野をもっています。そして、得意で好きな仕事は、楽しみながら進めることができます。職員室にいるさまざまな教師をお手本にしながら、自分の得意分野を早く見つけて、それを核にしながら質の高い仕事をすることが必要です。

　とはいえ、経験が少ないうちは、自分の能力を発揮するどころか、なかなか思うように仕事を進めることができません。主任や先輩教師からアイデアをもらいながら、自分なりの工夫をして仕事を進めましょう。

★⋯⋯⋯役割分担で効率的な仕事を

　運動会や音楽会、保護者会などは、準備に追われて忙しくなります。よく、一つの仕事を学年の担任がこぞって行う風景が見られます。しかし、これはもっとも効率の悪い方法です。授業案や教材作成、掲示物、進行や運営の企画などの多くの仕事を、得意分野で分担して同時進行させていくことが効率的です。それぞれの教師の力がより良く発揮され、質の高い仕事ができますし、どの教師にとっても時間の短縮につながります。

★ ……… 協力してさまざまな仕事を覚える

　役割分担をして仕事を進めたとしても、自分に割り振られた仕事以外に無頓着でいてはいけません。自分の仕事が早く終わって時間に余裕ができたら、他の教師の仕事も率先して手伝うようにしましょう。

　相手から喜ばれるのは当然ですし、学校のさまざまな仕事を学ぶこともできます。また、できれば、エキスパートに教えを請うて、それぞれの仕事の技術を吸収するよう心がけましょう。仕事の幅を広げることが、小学校の教師には絶対的に必要です。

＊さまざまな仕事に協力しながら、いつも人から吸収する姿勢をもつ。

＋one point！

Step 1 身体を動かして、できる限り多くの仕事に関わって、さまざまな教師の仕事を吸収するよう心がけましょう。

Step 2 役割分担をして任された仕事に、全力で取り組みながら、先輩教師のアドバイスをしっかり生かしましょう。

Step 3 自分の得意分野をつくり、効率的に仕事を進める技術や新しいアイデアを考えるようにしましょう。

Chapter5 関係術❷ チーム力を使ってこその学校教育

> 一人の力は高が知れています。学校教育は、教師がチームの一員として同じ方向を見ながら協力し合ってこそ、より大きな効果が上がります。

★……共通理解を図る

学校にはさまざまなきまりがありますが、細々としたところまで共通理解を深めておかなくては、子どもの不満や保護者の不信感を招いてしまいます。例えば、子どもの服装や持ち物について、学校のきまりはどうなっているか、学年としての統一見解はないかなど、気になることが出てくるものです。できれば、子どもからの質問や保護者の問い合わせがある前に、生徒指導主任や学年主任に確認しておくようにしましょう。回答に困るような問い合わせには、即答せず、主任や管理職に相談した上で、回答するようにします。

★……チーム力で危機管理を

特にクレームなどの対応には、複数の教師で対応しましょう。記録を取ったり、事実確認の際に助言をしたりする役割をつくり、客観的に話し合いを観察してもらいます。そして、話し合いの内容を再確認してもらい、今後の対応を一緒に考えます。

このように、特に危機管理に関しては、担当だけに苦しい思いをさせたり、責任を押しつけたりせず、チームの力で問題に立ち向かうことが必要不可欠です。困った時は、迷わず他の教師に相談しましょう。

★ ホウ・レン・ソウを再確認

　学校は組織で動いています。それ故に、子どもへの指導には、学校全体で取り組まなくては、効果が上がらないものが多くあります。自分が担任するクラスの子どもたちのためだけではなく、学年や学校全体の指導に役立てるためにも、問題があった時は、速やかに上司への報告、連絡、相談を行うことは必須です。たとえ些細なことであっても、素早く「ホウ（報告）・レン（連絡）・ソウ（相談）」を行い、問題を複雑化させず、対応が後手に回るのを防ぎましょう。

＊ホウ・レン・ソウの重要性を理解して、チームで教育する。

+ one point !

Step 1 子どもからの質問や、生徒指導で迷うことがあれば、どんなに些細なことだと思っても、上司に相談しましょう。

Step 2 学校のきまりを把握しておき、子どもが尋ねてきた時に、基本的なことが答えられるようにしておきましょう。

Step 3 問題が起こるかもしれない事柄を、あらかじめ予測しておき、対応のシミュレーションをしてみましょう。

Chapter5 関係術③ 職場の雰囲気づくりの核になる

> 子どもの指導や保護者対応がどんなに困難でも、意思疎通が図られている職場であれば、切り抜けることができます。助け合いのある居心地のよい職場を目指しましょう。

★……居心地のよい職場に

　仲間が支え合う職場であれば、毎日楽しく仕事に取り組むことができ、学級での問題や保護者とのトラブルなど、さまざまな難題にも立ち向かう気力が湧いてきます。反対に、職場の人間関係がぎくしゃくしてしまうと、周囲の協力も得られず、精神的にもまいってしまい、自分自身がもっている能力を発揮することはできません。

　居心地のよい職場にするためには、まず自分が率先して、明るく元気に同僚に話しかけることです。他人を変えることはできなくても、自分が変わることはできるのですから。

★……「明るく元気に」を心がける

　「あの人といると、何となくほっとする。元気が出てくる」……職場には必ずそういう人がいます。難しい顔をしている人は、それだけで敬遠されてしまいます。人は、いつも明るく元気な人の所に集まってきます。

　朝、出勤して同僚と顔を合わせる時はもちろん、いつも率先して笑顔で元気に声をかけましょう。同僚から「一緒にいるとほっとする。楽しい！」と思ってもらえるような人を目指すことは、教師の資質を磨くことでもあります。

★………お互い様の精神で

　他の教師が困っているのを見かけたら、自分の仕事は後回しにしてでも、困っている教師に声をかけるようにしましょう。そして、「自分にも、困って誰かに助けてもらうことがあるのだから」と考えるようにします。教師も人間ですから、いつも助けてもらっている人に対して、その人が困っていれば進んで協力しようと思うのが人情です。「情けは人の為ならず」と言われますが、困った時はお互い様の精神で、進んで手を貸してあげるように努めたいものです。

＊若さを生かして、職員室を明るくする核になる。

+ one point !

Step 1 若さを生かして、とにかく明るく元気に職員室を盛り上げるように心がけましょう。

Step 2 パソコンや力仕事などで、手を貸してほしそうなベテラン教師や同僚がいたら、すぐに声をかけるようにしましょう。

Step 3 些細なことでも、先輩教師に相談をして話しかけ、頻繁に意思疎通が図られる職場にするための中心になりましょう。

Chapter5 関係術④ 誠実さが人間関係の基礎

> 感情的になると、責任を転嫁したり、相手を非難したくなることがあるのが人間です。しかし、それでは、良好な人間関係を築くことはできません。何よりも「自分」が変わることが大切です。

★………自分を振り返る

　同僚や保護者、そして子どもとの間で、何かトラブルが起こった時、まずは自分の何が至らなかったのかを振り返ることが大切です。相手を非難することは簡単ですが、それでは何も解決しません。冷静に自分の行動を振り返ることで、自分自身の至らない点が見えてきます。また、「こうすれば良かった」という改善点が見つかり、後の対応や身の振り方など、自己の成長に生かすこともできます。相手に求めるのではなく、自ら自身の行動を改善することが、同じ失敗を繰り返さないための最善の方法となり、周囲との関係に調和をもたらします。

★………言行一致を心がける

　教師は子どもに、「失敗したら素直に反省し、詫びよ」と教えます。それ故に教師も、自分の指導や対応に至らない点があれば、心から詫びることができなくてはなりません。考えている以上に、人は他人の言動を厳しく受け止めるものです。口先だけで人を喜ばせる人よりも、無口でも誠実に行動する人に、人は信頼をおきます。信頼される教師になるためには、まずは我が身を正し、言行一致を心がけましょう。

★………陰口や噂話は遠ざける

　人の噂話や陰口は、時に得体の知れない魅力があります。しかし、一度それに関われば、人格が疑われることになります。話をしている時は気分がいいのでしょうが、結局、「あの人は、人の悪いところばかりに目がいく」「心からは信用できない」となっていきます。そして、結果として、周囲から信頼されないばかりか、疎まれるようになってしまいます。

　職場環境に慣れてくると、陰口や噂話を耳にするようになるものですが、きっぱり距離をおき、絶対に関わらないことが大切です。

＊失敗や過ちを認め、反省する誠実さが、教師の資質を伸ばす。

＋one point！

Step 1　授業や生徒指導での失敗は、「自分の責任」という気持ちで受け入れ、失敗の理由を考える習慣をつけましょう。

Step 2　職場環境に慣れてくると、陰口や噂話を耳にするようになります。しかし、取り合わず、うまく工夫して避けましょう。

Step 3　自信がついてくるほど、余計なアピールをせず、黙々と実践を積み上げ、仕事を誠実に行うように心がけましょう。

Chapter5 関係術⑤ 「担任理解」に力を尽くす

> 子どもや保護者に、担任の人柄や教育論を理解してもらわなければ誤解が生じ、関係を築くことができません。指導を効果的に行うためにも、日頃から担任理解に努めましょう。

★………「担任理解」が仕事を充実させる

　同じことをしても、相手のことを知っているのと、そうでないのとでは、受け取り方がまったく異なります。場合によっては、誤解をあたえてしまい、関係を悪くしてしまいます。保護者や子どもとのトラブルの多くが、意思疎通の不足です。日頃から、担任の教育観や指導方針、人柄を理解してもらうように努める必要があります。

　子どもが担任を理解すれば、指導が効果的に受け入れられるようになります。また、保護者の理解と協力を得られれば、教師が考える指導を思うように行うことができ、充実した仕事をすることができます。

★………保護者会でアピールする

　毎月定期的に行われる保護者会は、直接担任を理解してもらうための貴重な場です。保護者会では、クラスや子どもの様子の報告に加えて、担任の人柄や教育観などを伝えるようにします。例えば、クラスの様子を伝える時には、担任の指導観や教育観をひと言入れます。また、クイズなどで、担任の子どもへの接し方や指導の重点を考えてもらいます。

　保護者会は、自分をアピールする場と考えて、保護者に担任理解を深めてもらうための工夫を惜しまず臨みましょう。

★ 直接話す機会をつくる

　連絡帳に、保護者から、些細な質問や小さなクレームが寄せられることは、よくあります。そういった時は、保護者と話をする絶好のチャンスであるととらえましょう。

　返事を書くのではなく、必ず電話で話して、保護者の質問に答えたり、クレームの真意を直接確かめたり、自分の意図を説明したりします。直接話をすることが、誤解を解き、真意を伝えることになります。そして話をするうちに、互いに打ち解け、関係構築にもつながります。

＊担任が理解されてこそ、効果的に指導することが可能になる。

＋one point！

Step 1 身体を動かして遊んだり、たくさん会話をしたり、子どもに受け入れられるように努めます。でも、甘やかしは厳禁です。

Step 2 学級通信には、子どもの作品やクラスの様子を書いたら、必ず担任の意見や感想を添えるようにします。

Step 3 保護者会では、意識的に指導観や授業論などを披露するようにしましょう。保護者は担任の考え方に興味をもっています。

Chapter5 関係術❻ 「教えてください！」で伸びる教師に

> 人から素直に学ぶことができる人は、伸びる人です。素晴らしいと感じたことには、「ぜひ、教えてください！」と謙虚にお願いしましょう。

★………素直さが力を伸ばす

とかく教師はプライドが高いものです。他の教師の指導に対して、「そんなの大したことじゃない」「自分の方が優れている」などと、素直に良さを認めることが苦手です。そして、謙虚に教えを請うのが恥ずかしい、また、自分が劣っているように思われたくないと、変なプライドにとらわれて、他者から積極的に学ぼうとしません。しかし、それでは力は伸びていきません。「素晴らしい」「いいねえ」とピンとくる実践があれば、素直に話を聞いて、詳しく教えてもらうようにしましょう。

★………「自分はできる」と思わない

教職に就いて年月がたち、徐々に仕事に自信が出てくると、「自分はできる」と過信してしまう教師の何と多いことでしょう。しかし、それは思い上がりというもの。若い教師の実践や経験など、まだまだ取るに足らないものです。知らないことの方が多いのが真実です。

世の中には経験豊かな教師がごまんとおり、優れた実践は山ほどあります。「自分はできる」などと思い上がった瞬間から有益な情報が遮断され、教師としてのスキルはもちろんのこと、仕事の質や効率を上げる力が身につかなくなっていくので要注意です。

★ 教えを請うと喜ばれる

「教えてください」と言われて嫌な顔をする教師は、まずいません。喜んで仕事の仕方や実践方法を教えてくれます。ついでに他のことまで教えてくれることすらあります。日頃から教えを請う人は、好感をもって受け入れられ、有益な情報がどんどん流れ込んでくるものです。

教えを請うことは、その人の実践を認め、ほめることです。「すごいなあ！」「さすがですね！」と素直に頷きながら、教えてもらいましょう。それは、教師が子どもの良さを認める力にもつながるのです。

＊謙虚に教えを請う姿勢が、関係を築き、信頼を得ることになる。

＋one point !

- **Step 1** 分からないことや疑問に感じたことは、とにかく他の教師にどんどん質問する癖をつけましょう。
- **Step 2** 他の教師の実践や指導の良いところを見つけて、教えてもらうようにしましょう。
- **Step 3** いろいろな研究会やセミナーに足を運んで、さまざまな実践や方法を学ぶようにして、見識を広げましょう。

Chapter5 関係術❼ スキルアップは他者との融合あってこそ

> 教育技術はもちろんのこと、教育論もさまざまな人から学び、教えを請い、意見交流をしてこそ身につき、そうして自分流というものがかたちづくられます。

★………100%のオリジナルはない

　優れた教育技術も、教育論も、先達から引き継がれて今に至っています。自分独自で考え出したと思っているものでも、自分が受けた教育の経験がもとになっていたり、さまざまな先輩教師の実践が基礎になっていたりします。どれだけ多くの先達の授業論や授業技術を学んでいるかで、その人の教育技術や創造性の幅が異なってきます。

　職場の同僚や先輩、研究会で知り合った同業者が多い人ほど、個性的で創造的な発想で実践を積み重ねています。特に若いうちは、多くの教師仲間との交流を活発に行うべきです。

★………会話を増やして

　他の教職員との関わり方によって、その人の教室実践や教育論の形成は大きく影響します。当然、教室の子どもへの教育にも大きく影響します。また、職場での人間関係が良好であってこそ、多くの学びもありますし、思い切ったやり方で仕事ができる環境も生まれます。

　その基盤をつくるためにも、日頃から、できる限り多くの教師と会話をする機会をつくりましょう。そうすることによって、さまざまな情報を得ることができ、自分なりに教育について考えることもできます。

★……互いを刺激し合う

　他の教師と教室での実践を出し合ったり、生徒指導について意見交換をしたりすることによって、多くの学びや成長が得られます。相手の実践が自分の指導の参考になったり、反対に自分の実践が相手に影響をあたえたりと、互いに刺激し合うことができるのです。

　そのためにも、できる限り定期的に、実践や児童の様子についての意見交換を行い、自分が実践したことを振り返りながら、新しいことに挑戦する機会につなげていきましょう。

＊書籍や同僚の実践例をもとに、自分に合ったやり方を生み出そう。

＋one point！

Step 1 できる限り多くの教師から話を聞いたり、さまざまな教育雑誌を購読するなどして、幅広く学びましょう。

Step 2 教育書を読む習慣をつけましょう。ハウツーものだけではなく、教育論が述べられた本も読むようにしましょう。

Step 3 授業記録や学級通信を先輩教師に見てもらい、指導してもらいましょう。頻繁に批判的に見てもらうのがポイントです。

Chapter5 関係術⑧ 研究サークルをつくろう

> 授業や生徒指導、学校や教育について学ぶ場をもつことは、教師としてのスキルアップに役立つことはもちろん、同じ志をもつ仲間を得るチャンスでもあります。

★……… 研究会に足を運ぼう

　全国各地でどのような教育実践が行われ、やる気ある教師が何を学んでいるのかを積極的に知ることが大切です。民間研究団体が主催している研究会などに実際に足を運び、その場の空気に触れてみましょう。講師の話の面白さや役立つ情報に、目から鱗が落ちるはずです。また、参加者の知り合いもできて、共に学ぶ仲間に出会える喜びも得られます。なかには、勤務校や居住地が近い人がいたり、別の教育サークルに参加している人もいます。同じ志をもつ教師たちと出会うことができるのも、研究会の魅力です。

★……… 教育サークルをのぞいてみよう

　放課後や休日に、教育について学びたいと思ったら、まずは知り合いが入っている教育サークルをのぞいてみましょう。授業論や授業技術、最新の教育情報など、役に立つ実践や情報がたくさん飛び交っています。また、生徒指導や職場の人間関係などの相談も出し合うことができるので、教師としての幅を広げることもできます。

　最初は敷居が高いと感じますが、本音で話し合う人の集まりです。すぐに教育サークルの魅力が分かり、同じ志の仲間を得ることができるでしょう。

★········研究会を開こう

　サークルの仲間と一緒に、研究会を主催することで、さらなる学びを経験することができます。著名な実践家を招き、参加者を募って会を運営するなど、その企画力と推進力は、学級運営につながるところがあります。また、主催者としてさまざまな教師と出会い、関わることもできます。

　この時、参加者の前で、自分も研究発表するとよいでしょう。日々の実践を振り返る機会になるだけではなく、鋭い意見や助言などももらえ、自分の実践力を高められます。

＊研究サークルでは、教師のやりがいを見つけることができる。

+ one point !

Step 1 　教育雑誌などに紹介されている研究会に足を運んでみましょう。講師の質の高さと、学びの楽しさが実感できます。

Step 2 　知り合いが参加している教育サークルに行ってみましょう。深く関わらず、気楽に参加する姿勢で十分です。

Step 3 　本音で語り、同じ志で学ぶことのできる仲間で集まって、定期的に勉強会を開きましょう。まずは、三人いれば十分です。

Chapter5 関係術❾ 社会の変化や動きに目を配る

> 子どもを取り巻く状況は、めまぐるしく変化しています。教師も、社会状況を注視しながら、さまざまな課題に取り組む指導力が求められています。

★……不易と流行を理解する

　教育には、思いやりや自律心、正義感や忍耐力の育成といった、時代を越えても変わらないもの（不易）と、社会の変化に伴い、時代に応じて身につけさせなくてはならないもの（流行）の二面があります。

　流行を追っているだけではいけませんが、あまりにも世の中の動向に無頓着では、今どきの子どもを教えることはできません。人格の完成という教育の不易をしっかり追い求めつつ、その時代に合った教育方法や子どもに応じた指導方法に敏感になり、良いと思うものはどんどん取り入れる必要があります。

★……流行に振り回されない

　偏差値重視の教育が批判され、子どもの自主性を伸ばすことを目的とした「ゆとり教育」が推し進められていたのは、ほんの数年前のことでした。ところが今また、180度とも言える方向転換がなされました。教育方針が変わる度に、その時々に応じた教育方法が脚光を浴びては消えていきます。やみくもに流行を追うのではなく、さまざまなやり方の根底にある教育論を自分なりに理解して、子どもに教えるようにしないと、自分が何を教えているのか分からなくなってしまいます。

★……教具の進化に注意しておく

　20年ほど前は、パソコンが教育現場に入るのを拒絶する人が少なくありませんでした。昨今は、タブレット型パソコンや電子辞書など、これから教育現場に導入される可能性がある教具であふれています。

　これからの教育界は、新しい教具を使うことで既存の教具では考えられないような効果的な指導法が、次々に開発されていく可能性が大いにあります。授業で役立ちそうな教具には、教師自身が前向きな視点をもって、積極的に目を配っておくことが必要です。

＊目的のために、最新の情報や教具を活用する気持ちを忘れない。

＋one point！

> **Step 1** タブレット型パソコンや電子辞書、授業用のソフトなど、さまざまな教具を使った授業に挑戦しましょう。
>
> **Step 2** 教育の不易について考え、子どもの人格形成のために教師はどのように指導しなくてはならないかを模索し、実践しましょう。
>
> **Step 3** さまざまな教育技術や指導方法を試してみて、その奥にある教育論についてじっくり考えるようにしましょう。

Chapter5 関係術⑩ 時間がなくても読書に励む

> 読書は、さまざまな知識を得たり、先達の実践を疑似体験したりすることができます。子どもを教える教師こそ、とことん読書をしなくてはなりません。

★………本は財産

　本当に読書が好きな人は、必ず自分で買って読みます。実際、自分でお金を出して買うことで、読書に対する姿勢は変わります。真剣に読まなければもったいないと思うからです。そして、真剣に向き合った本には、愛着が湧いてきます。また、一度読み終えても、手元にあれば何度でも読み返すことができます。まさしく本は財産。特に仕事に関わる本は、必ず買って読むことをおすすめします。どんな本でもいいですから、せめて月に1冊は本を買って読むという目標を立てましょう。

★………読書時間はつくるもの

　よく、「本を読む時間なんてない」と嘆く人がいます。でも、実際は、そんなことはありません。通勤電車の中、放課後のほっと一息つく10分間、夕食後や寝る前のわずかな時間……その気になれば、読書の時間はたくさんあるはずです。読めないのは、読む気がないからです。

　教師は子どもに、テレビやゲームの時間を削って、勉強せよ、読書せよと、口を酸っぱくして言います。その時、どれだけ気力が必要で、自分に打ち克つ力が試されるのかを、教師自身が理解して指導しなくてはなりません。言い訳は無用です。時間を意図してつくらなくては、読書はできません。

★………読みたい本を読む

　仕事のために必要だから本を読むといった読書の仕方は、もっとも読書嫌いをつくるやり方です。読書を義務にしてはいけません。

　読書を自分にとっての娯楽にすることができれば、難なく読書することができます。それには、仕事に関係が有る無しにかかわらず、自分が読みたいと思う本を読むことです。そして、読書に対する垣根を低くしていくことです。そうしたことが身につけば、知らぬ間に仕事に関わる本の面白さも分かってくるはずです。

＊読書の時間は、わずかな時間を有効に使ってつくるもの。

＋one point！

Step 1 苦労せずに読める本を、わずかな時間を見つけて読む習慣をつけます。読書のある生活に慣れましょう。

Step 2 教育書や教育雑誌を、職員室や教室に置いておき、時間のある時に目を通したり、参考に使ったりしましょう。

Step 3 参考になる箇所や、引用に使える箇所には、付箋を貼りながら読む習慣をつけます。何度でも読み返しましょう。

column

5

チームの大切さに
気付いた瞬間

　教師になって10年が過ぎた頃、仕事のやり方にも慣れ、授業もそれなりに自信をもってできるようになってきて、今振り返ると、私は、ずいぶん天狗になっていたように思います。校務分掌も、学級事務も、子どもたちへの指導も、自分一人でやれると、すっかり高を括っていました。

　そんな不遜な私でしたから、おそらく子どもたちに対しても、上から目線で高圧的に接していたのだと思います。案の定、その頃に担任していた子どもたちとの関係は最悪でした。多くの子どもが私に反抗的で、心を開いてくれる子は、ほんの一握り。思い通りにならないのは、子どもが悪いからだと、厳しく指導しました。そんな私の指導に対して、子どもたちはさらに反発するという悪循環に陥っていったのです。このままでは、学級崩壊もやむなしと、半ばやけくそになりかかっていました。

　「あの子たち、1年生の時は、本当に甘えん坊が多くて」
　「複雑な家庭の子が多いから、厳しいだけじゃダメだよ」
　一人で悩む私に、先輩教師が声をかけてくれました。
　「同じ学年なんだから、一緒に解決しなきゃ！」
　誰を頼る必要もない、自分一人の力で十分……そんな思い上がった私を、先輩方は、チームの一員としてじっと見守り、あたたかく励ましてくれたのです。その心の広さへの感謝と、対照的に不遜な自分の小ささが恥ずかしく、思わず涙がこぼれてしまいました。

　困った時に支え合ってこそ、同じ教師仲間、チームです。そのチームの力を最大限生かすためにも、日頃から会話を増やして互いを理解するように心がけ、良好な関係を築く努力をすることが必要です。そんな当たり前のことが身に染みて分かった出来事でした。

Chapter 6

対応術

子どものケンカやケガの対応、保護者からのクレーム処理など、
早急に的確な対応を迫られることがあります。
いざという時に慌てないためにも、
普段からの心積もりと対応策の準備が大切です。

Chapter 6 対応術
保護者は教師の最強パートナー！

> 子どもの指導をスムーズに行うために、保護者と良好な関係を築くことは、とても重要なことです。保護者のバックアップにより、より効果的に指導を進めることができます。

　保護者の理解と協力を得ることができれば、子どもへの指導をより効果的に行うことができます。また、子どもの指導につまずいたり、子どもとの関係がうまくいかなかったりした場合であっても、保護者の理解と協力があれば、問題を解決することにそれほど苦労することはありません。自分が追い求める学級経営や子どもの成長を実現するためにも、保護者の信頼を得て、子どもと学級を安心して任せてもらうことができるように努力することもまた、教師の大切な役割と言うことができます。

　一般に、学年が上がるにつれて、学校での様子が保護者に伝わりづらくなる傾向があると言いますが、情報の断絶は、保護者の不安を拡大し、担任不信につながる原因となります。ですから、学級通信や保護者会などを工夫して、保護者に学校での子どもの様子を伝える機会を意図的につくるように努めましょう。情報の共有が、保護者との信頼関係を築くもっとも効果的な方法です。

　ほとんどの保護者は、教師と良好な関係を築きたいと願っています。我が子をよく見てほしいと願っています。そして、教師の方針について理解しようと努め、できる限り見守っていこうと考えています。ですから、ごく一部の保護者を除いては、学校に苦情を申し出るには、相当の覚悟をしていると考えられます。そのように謙虚にとらえて、保護者からの要求や苦情は、日頃の自分自身の至らなさであり、後の自分の指導にプラスになるスキルアップのチャンスと考えて、ありがたく受け止めるようにしましょう。

　保護者を苦手と思っている人は、その考えを改める努力をしなくてはなりません。保護者は、子どものより良い成長を願うという、同じ目的をもった、教師にとっての心強いパートナーと考えれば、良好な関係づくりができるはずです。

残念な状況

子どもがケンカしたって泣いて帰ってきたんですがっ!

下校前に、言い合いをしましてね……

何よ、ケンカくらいで。甘やかしすぎよ!

＊クレーマーと受け取ると、良好な関係づくりはできない。

目指すべき姿

子どもがケンカしたって泣いて帰ってきたんですがっ!

すみません! 連絡が遅くなりまして。じつは…

余計な心配をかけちゃったな、早く連絡すべきだったわ

＊謙虚に自らを振り返ることで、良好な関係づくりができる。

Chapter 6　対応術

Chapter6 対応術① トラブルは起こって当然

> 多くの子どもが共に生活をする学校ですから、日々、さまざまな問題が起こります。「トラブルが起こるのが学校」と考えて、冷静に子どもの前に立つようにしましょう。

★……トラブルには意味があると考える

　できれば自分のクラスにトラブルが起こらないようにと祈るのは、担任として当然と言えば当然のことです。トラブルが起こると、私たちはとかくマイナス思考に陥ってしまいがちです。しかし、日々、多くの子どもたちが活動している学校、教室では、トラブルが起こらない方が異常と言っても過言ではないでしょう。それくらい学校、教室にトラブルはつきものなのです。ですから、トラブルは子どもや担任を成長させる糧となる大切なものと、考え方を変えることが必要です。

　トラブルが起こるのは、必然性があってのことで、トラブルを乗り越えれば子どもが成長し、担任としての自分も成長するはずです。

★……「トラブルなくして成長なし」と教える

　成長に必要な経験をするために、子どもは学校に来ています。友達とケンカしたり、教師に叱られたり、時には転んでケガをしたり……すべて無駄なことなどありません。「ケンカも、間違いをすることも、少々のケガならそれも、すべてあなたを成長させる大切な経験です」と、子どもたちに教えることも必要です。子どもに心構えをさせることにより、前向きな気持ちを育ててあげるのも担任の役割です。

★ 納得させて下校させる

担任からのひと言で、子どもはすっきりした気分で1日を終えることができます。トラブルが起こった時にしっかり対処するのはもちろんのこと、下校前に、「友達とケンカもし、先生にも叱られもしたけど、楽しい1日だった」と思って下校させるようにします。特に叱った子や友達とケンカをした子には、担任のちょっとしたひと言で、気分よく下校させてあげたいものです。常に、クラス全員を明るくさせるひと言をかけて下校させられる工夫に努めましょう。

＊トラブルは成長の糧と考えることで、指導も変わってくる。

＋one point！

Step 1 主任や先輩教師に教えてもらいながら、トラブルが起こった時に基本的な対応ができるよう、経験を積んでいきましょう。

Step 2 クラスの子ども全員が、笑顔で下校できるように努めます。話はもちろんゲームや歌などで盛り上げて下校させましょう。

Step 3 子どものどのような言動がどのようなトラブルを引き起こしてしまうのかを観察し、予測できるようになりましょう。

Chapter6 対応術❷ 「予兆」をとらえる

> そのまま放っておくと、事態が悪化するトラブルがあります。「ここで手を打たなければ、あとで大きな問題に発展する……」、そんな予兆を発見する力が必要です。

★………「空気」に敏感になろう

　教師は、子どもたちが発散する「空気」を感じることができなくてはなりません。例えば、子どものしぐさや会話、遊んでいる様子を見て、一種の嫌らしさや、引っかかりを感じることがあります。

　場の空気に敏感になることは、トラブルの芽を発見し、未然に防ぐことにつながります。これは、教師に必要な力です。日頃から子どもをよく観察して、とくにマイナスの「空気」には敏感になりましょう。

★………トラブルの芽を見つける

　子どもが集まって生活をする教室では、大小はありますが、さまざまなトラブルは起こって当然です。再度、子どもやクラスをよく観察してみましょう。すると、「同じ子が拭き掃除ばかりやっている」「特定の子が発表する時に、子どもの反応がない」「グループをつくると最後まで入れない子がいる」などといった、放っておくと大きなトラブルとなる「芽」があることに気付くはずです。

　どんなクラスにも、必ず何らかのトラブルは起こり得る、だからこそ「芽」のうちに発見して対処しなくてはならないという心構えを、常にしておきましょう。

★⋯⋯⋯「逃げない」姿勢で子どもと接する

　誰でもトラブルは嫌なものです。できれば、何事もなく1日を終えたいと思うのが人情です。しかし気を付けないと、いつもトラブルから逃げる癖がついてしまいます。些細なことだと、子どもが発している「信号」から目を背けてしまえば、せっかくとらえた「予兆」を放置し、指導の機会をみすみす逃してしまうでしょう。周囲が気付いた時には、すでに手が付けられない状態になっていることもあります。煩わしいと逃げれば、結局、さらに時間と労力を費やすことになってしまいます。

＊観察眼を磨くことが、トラブルの予兆を素早く発見することに。

＋one point！

Step 1 教室に入った時の「空気」を感じることができるようにしましょう。暗い時は、楽しい雰囲気に変えましょう。

Step 2 友達関係をよく観察して、放っておくと後に大きなトラブルになりそうな事象を指導できるようにしましょう。

Step 3 子どもが本気で取り組み、本音でぶつかる活動を行います。その中で見えてくる課題を把握し、計画的に対応しましょう。

Chapter6 対応術❸ 先手必勝で事態好転

> 問題が起こってしまってから対応するか、起こることを予測して事前に対応するかで、後の負担が大きく異なります。労をいとわず、素早い行動が重要になります。

★………気持ちを盛り上げる指導を

「友達とギクシャクしている」「不安を感じている」「つまらない」……教師ならある程度、子どもの気持ちが分かるものです。そんな子どものマイナスオーラを感じたら、話し合いをしたり、触れ合いゲームをしたり、時には授業を変更して思い切って遊んだりできるような、子どものマイナスの気持ちをプラスに転じる活動を仕掛けましょう。毎日のほんのわずかな気持ちの盛り上げ方によって、クラスの雰囲気や子どもたち一人ひとりの様子が徐々に明るく変わっていきます。日々の積み重ねほど強いものはありません。

★………気になったら「即行動！」

子どもが、友達関係などのトラブルで元気なく下校したり、叱って納得していないなどと感じたりしたら、できるだけ早く担任から保護者に電話連絡をするようにしましょう。とにかく、「何となく気になる」と感じたら、すぐ対応します。

保護者から問い合わせがある前に連絡することで、事実が正確に伝わります。また、保護者は「先生は子どものことを考えてくれていて、ありがたい」「わざわざそんなことで、恐れ入った」という言葉が返ってくることが多いものです。取り越し苦労だったとしても、それでいいのです。手間を惜しまず、

ほんの少しの時間を割いて、先手必勝。即行動に移すことが、後の大きなトラブルを防ぐことになります。

★ 些細なトラブルも全力で対応する

クラスで起こるさまざまなトラブルは、小さなうちに対処して解決することが大切です。火事と同じで、小さなうちは解決も容易にできますが、大きくなってからでは解決するのに時間も労力もかかってしまいます。トラブルを大きくするのを防ぐためには、日々の小さなトラブルに対して、真摯に対応することしかありません。

＊先手先手の対応が、保護者に安心感をあたえることになる。

＋one point！

Step 1　毎朝、子どもの気分を盛り上げて授業に入ることができるように、楽しい遊びやお話を用意して教室に入りましょう。

Step 2　どんなに些細だと思うようなことでも、子どものトラブルには、誠心誠意、全力で対応しましょう。

Step 3　最悪の事態を予測して、ケガやケンカについては、保護者からの問い合わせの前に事実が伝わるようにしましょう。

Chapter6 対応術④ 子どものケンカは両成敗

> 「何が原因でケンカをしたのか？」「互いの言い分は何か？」……教師は、あくまで客観的かつ中立性を保ちながら指導しなくてはなりません。

★……公平に言い分を聞く

　ケンカが起きたら、必ず客観的な情報を集めることから始めます。当事者双方からはもちろん、周りで見ていた子の話を聞くことも忘れずに。概要が判明したら、双方の言い分を聞いてあげましょう。大切なことは、教師はあくまで「聞き役」に徹することです。この時点で、持論を述べたり、推測で指導したりしては絶対にいけません。双方が冷静に互いの言い分を話すことができるように、なだめたり落ち着かせたりしながら、気持ちを吐き出させることに努めます。

★……双方に「自分の非」を認めさせる

　ケンカの原因のほとんどが、じつにたわいもないことです。原因をたどっていくと、相手を怒らせる言葉や態度があったことに気付きます。そこに気付いたら、子どもたちに、互いに自分の悪かったところはどこだったのかを、それぞれに認めさせるようにします。ここで重要なのが、「自分の非」を認めさせること。言葉だけで相手に謝らせるよりも、よほど効果的な謝罪になるからです。相手が非を認めている姿を見れば、「自分も悪かったな」と感じ、互いの行き過ぎを反省することができます。

★………人間関係を学ぶ大切な場

「ケンカはいけません！」と、教師が間に割って入って止めるのは簡単です。しかし、ケンカをさせないように、前もって仲裁するのは、子どもから大切な学びの機会を奪うことになりはしないでしょうか。

子どもはケンカからさまざまなことを学びます。子どもにとってケンカは、人間関係の基礎を学ぶための大切な場なのです。教師は、「ケンカは子どもの学びの場」という認識をしっかりもち、「子どもに何を学ばせたいか」ということを考えて対応することが必要です。

［イラスト：教師と子どもたちの会話］
- 自分が悪かったと思うところを言ってごらん
- 相手を怒らせる言葉を言いました
- ふざけた態度で気分を悪くさせました
- 悪いところを認めることができてえらいぞ！

＊互いに非を認めさせることで、気持ちよく解決できる。

＋one point！

Step 1 情報を集めて、客観的かつ公平な立場でケンカの状況を分析することができるように努めましょう。

Step 2 当事者が互いに自分の非を認められるような指導を、常に心がけましょう。

Step 3 ケンカが起こりそうになっても、子どもの学びの場を保障するという気持ちで、じっくり様子を観察するようにします。

Chapter6 対応術❺ 前任者からの情報収集は必須

> 子どもに関する情報は、もちろん多い方が指導の参考になり、役立ちます。前任者からの引き継ぎはもちろんのこと、養護教諭や先輩教師からも話を聞きましょう。

★………「背景」を把握する

　子どもが、学校で見せる顔と家庭で見せる顔、教師に見せている姿と友達に見せている姿は違います。教師は、子どもの一面しか見ることができません。子どもを指導する上で、家庭事情や成育歴といった、子どもが抱えている「背景」をできる限り把握しておくことが必要です。友達に暴力をふるう子が家庭で虐待を受けていたり、物を盗む子が過度に勉強させられていたりといったことが多々あるからです。

　特に問題の多い子については、その子の成育歴や家庭環境、これまでの学校での様子など、できる限り多くの情報を収集していくことが必要です。前担任や長年学校に勤めている教師、養護教諭など、その子についての詳しい事情や背景を知っている人から情報を集め、指導の相談にのってもらいましょう。

★………協力して指導する

　特に問題を抱えている子の指導は、担任が一人で対応することは困難ですし、むしろ単独で対応してはいけません。家庭への連絡や報告、他の保護者との調整や協力など、学年や学校全体で取り組まなくては効果のない場合がほとんどです。

　子どもへの指導も、さまざまな角度から多様な方法で行う必要があります。

問題を抱える子の指導は、絶対に一人で抱え込まないで、主任や管理職と相談しながら行いましょう。

★ 基本は「先入観なく見る」

人から話を聞いた時、注意したいのが、必要な情報だけではなく、その人の思いや子どもに対する偏見などもインプットされてしまうこと。情報収集は、あくまで子どもの背景を理解し、指導に生かすためです。決して先入観で子どもを見ることのないように心がけましょう。子どもとの関わり方で大切な基本は、「先入観なくその子を見る」ことです。

＊情報収集が、子どもを理解し、問題を解決する手掛かりになる。

+one point！

Step 1 　前任者や主任から、子どもの家庭事情やそれまでの様子を教えてもらい、相談しながら指導しましょう。

Step 2 　教室で見せる姿だけではなく、教師からは見えづらいその子の一面を知る努力をしましょう。

Step 3 　子どもの背景を把握した上で、どのような指導ができるのかを自分で考え、主任と相談しながら取り組みましょう。

Chapter6 対応術❻ 保護者との連携が子どもを守る

> 担任と保護者の連携がうまくいくと、子どもに対して教師が望んでいる教育をすることができます。また、保護者から信頼を得て、安心してもらえます。

★………歯車をうまく回す

　保護者と教師の連携がうまくいくと、教師は、子どものためにより真剣に力をそそぎたくなります。そして保護者は、我が子の成長を信じて担任のやり方を大らかに見守るようになります。逆に、保護者と教師の連携がとれないと、自ずと教師の士気は下がります。さらに、学ぶ楽しさを味わえない子どもは、担任不信になり、保護者からのクレームにもつながるという悪循環に陥ります。保護者と担任とが理解し合い、連携することは、質の高い教育をする機会を守ることです。その連携が、子どもを育て、守っているのです。

★………保護者同士の連携をつくる

　保護者には、学級集団の高まりの中でこそ、個々の子どもの成長が期待できるということを理解してもらう必要があります。そして、保護者同士の連携を深め、他の家庭の子どものことも理解してもらう必要があります。そのためにも、保護者会では、保護者と子どもとの関わり方、子どもの理解度などについて考える時間をとるようにしましょう。例えば、アンケートを行い、その結果をもとにして、保護者同士で意見交換をしたり、お互いに相談をし合ってもらったりして、それぞれの家庭での子育てに役立ててもらいます。他の家庭のことも参考になり、保護者の中に連帯感が生まれます。

保護者同士の強い連携は、子どもを守り、成長を促す上で欠かせないものであり、教師にとっても心強い味方にすることができます。

★ 保護者と共に考える

　子どもに行った授業を保護者に体験してもらいましょう。子どもの反応や、身につけさせたい力、授業を受ける子どもの気持ちなど、日頃の様子を具体的に伝えながら模擬授業を進め、子どものがんばりや気持ちを考えてもらう機会にします。また、叱り方やほめ方、子どもとの関わり方について、担任の思いを伝えながら、共に考えるようにもします。

＊教師と親、親同士の連携が、結果的に子どもを守り、育てることになる。

＋one point！

Step 1 若さを生かして、ハツラツと子どもに接している姿が伝わるように、保護者会や学級通信でアピールしましょう。

Step 2 教育についての専門知識や指導技術について、しっかり説明できるようにして、保護者を安心させましょう。

Step 3 保護者同士の連携を深めるために、担任が核になってできることを実践してみましょう。

Chapter6 対応術❼ クレーム対応は労を惜しまず

> 特にトラブルやクレームが起きた時は、家庭訪問に勝るものはありません。決して労を惜しまず、冷静かつ迅速な行動で誠意を伝えることが解決への早道です。

★………顔を合わせれば理解が深まる

　保護者からのクレームの返事を、連絡帳や電話で返すよりも、直接会って話をする方が、じつは素早く、また、問題をこじらせることもなく解決することができます。相手に誤解なく理解してもらうには、顔を見て話すのが一番なのです。

　問題が発生した時は、10回電話で話をするよりも、1回直接保護者に会いに行って話を聞く方法に勝るものはありません。わざわざ足を運んだという誠意と、直接顔を見ながら話をする真摯な態度に、クレームを言っていた保護者が一転、心強い味方になったという話は山のようにあります。面倒臭いは厳禁です。迅速な事態収拾を思えば、直接足を運ぶことは苦にならないはずです。

★………ポイントを押さえて訪問する

　保護者と教師、双方にとって有意義な家庭訪問になるよう、あらかじめ心積もりをして行動しましょう。以下、重要なポイントです。

　・保護者と顔を合わせる時は、笑顔で明るく
　・相手の言葉を真剣に頷きながら聞く
　・心配をかけたことを詫び、謝るべきことはしっかり謝る

・相手の気持ちがおさまるまでは、自分の考えは述べない
・子どもの普段の様子や良い面などをサラリと話しておく

★………「攻め」の家庭訪問を

トラブルがあった時にだけ家庭訪問をするのではなく、保護者が喜び、感謝してくれるような家庭訪問も考えてみましょう。相手方に迷惑がかかるので、そう頻繁に訪ねてはいけませんが、学校を欠席した時や、叱って家に帰した時などに訪問します。学校と家庭での様子を情報交換することで、保護者との良好な関係づくりにも役立ちます。

＊保護者と直接話をすることで、誠意が伝わり、誤解もなくなる。

＋one point！

Step 1 保護者からクレームの連絡がきたら、主任の先生に同伴してもらい、直接会って話をするようにしましょう。

Step 2 機会を見つけて家庭訪問をしましょう。保護者と話すことに慣れますし、関係を築くために絶大な威力を発揮します。

Step 3 ケガや友達とのトラブルでクレームの連絡がくるおそれがあると感じたら、必ず家庭訪問をして直接話しましょう。

Chapter6 対応術 ⑧ 難しい保護者の対応は学校組織力で

> 学校や教師に不信感をもっている保護者は、特に対応に苦慮する場合が多々あります。担任一人での対応には限界があるので、必ず学校組織のチーム力で立ち向かいましょう。

★……遠慮せず、応援要請

　経験が少なく、年齢も若いとなると、保護者のクレーム対応には、必ず学年主任に同席してもらうのが基本です。ましてや難しい保護者に対するのですから、学校として相応の体制で対応するはずです。またこうした保護者については、前年度までの引き継ぎもされているはずです。

　万が一、援護がないようなら、生徒指導主任、教務主任や管理職などに応援を要請するべきです。難しい保護者からのクレームやトラブルには、チームの力で対応するのが当たり前ですので、決して遠慮することはありません。また、今後も同じようなことが繰り返されることも見越して、早急に学校組織としてのチーム力で対応するような体制づくりを、管理職にお願いするようにしましょう。

★……役割分担して臨む

　チームで保護者に対応する方法の良いところは、複数の教師で役割分担して臨めることです。例えば、進行は学年主任に、担任は事実の報告、生徒主任は記録係、管理職は聞き役といった具合です。役割を分担することで、それぞれが冷静に対応することが可能になります。また、相手を受け入れる余裕もでき、落ち着いて話し合いに応じることができます。

問題が生じた時に、責任を担任一人に押し付けるのではなく、学校全体で支えることが、今後ますます必要になります。

★……対応の基本を学ぶ

チームで対応することにより、職員間の連携の必要性や、日頃の人間関係の大切さを強く感じることができます。また、ベテラン教師の対応を間近で学ぶこともできます。「相手を受け入れる姿勢」「譲るところと譲らないところの区別」「こちらのペースにもち込む方法」など、保護者対応の重要なポイントを学びとりながら、場に臨みましょう。

［図：学年主任、校長、保護者が対面する場面。吹き出し「校長先生が親側に座って敵対関係をほぐしているんだな」「これぞチーム対応！」］

＊チーム対応で、学校全体で問題に取り組む姿勢を見せる。

+ one point !

Step 1 クレームやトラブル対応などで保護者と会う時は、必ず学年主任に同席してもらうようにお願いしましょう。

Step 2 教師間の人間関係を育むことはもちろん、授業や生活指導の情報交換のためにも職場では進んで話しかけましょう。

Step 3 問題を抱えた子や難しい親の子の担任を徐々に任されるようになるので、チームで対応する体制を確認しておきましょう。

Chapter6 対応術❾ 勤務校の危機管理体制を熟知しておく

> どの学校でも、大きな問題が起きると、学校全体で解決に向けて取り組みます。しかし、問題が大きくならないうちから組織的に取り組むことが、もっとも重要なのです。

★………相談の窓口と終着点を確認

　特に新任から間もない頃は、「忘れ物をした子への対応」「不要な物を持ってきた子への指導」といった、些細に思われることまで誰かに相談したくなるものです。そうであるからこそ、相談の窓口と、なされた相談がどのような経路をたどって最終的にどこに行くのかを把握しておくことが必要です。窓口は学年主任ということになるでしょうが、相談の深刻度に応じて終着点が異なり、対応も異なります。それを知っておかなくては、よかれと思ってやった自分の行動が、後に大きなトラブルになることもあるので要注意です。

　学年主任に相談した時などは、内容が個人の守備範囲なのか、学年で考えるものなのか、学校全体に関わるものなのかを判断してもらい、対応を指示してもらいましょう。

★………いじめ対応は、必ず熟知しておく

　「いじめ防止対策推進法」が平成25年9月28日に施行され、いじめには学校全体で組織的に取り組まねばならないと定められました。もっとも身近にひそんでいる問題ですから、その危機管理体制は熟知しておかなくてはいけません。いじめを防ぐための勤務校のマニュアルや、いじめが起こった時に対応する組織、具体的な対応の流れといったものを確認しておきましょう。そ

して、クラスでいじめが起こった時、起こりそうな時に、素早く対応できるような心積もりをしておきましょう。

★ ケガへの対応を確認しておく

子どもがケガをした場合、どのような対応をとらなくてはならないか。これについては、年度初めの職員会議などで、養護教諭や管理職からマニュアルが出るはずです。「教務必携」などには特にケガ人への対応の流れの資料を貼っておき、いつでもすぐに確認ができるようにして、いざという時、慌てないようにしておきます。

＊時々、対応マニュアルを確認しておくことで、慌てずに対応できる。

+one point !

Step 1 どんなに些細なことでも、気になったら、主任や先輩教師に相談して、対応の仕方を学びましょう。

Step 2 いじめやケガへの対応マニュアルは、すぐに見ることができる場所に保管しておき、時折確認しておきましょう。

Step 3 指導に自信がついてくる時期ですが、「チームで対応」という基本を忘れず、「ホウ・レン・ソウ」を再認識しましょう。

Chapter6 対応術 ⑩ マスコミの報道は冷静に受け止める

> 事件が起きると、「学校が悪い」「教師が悪い」と、さもすべての教師が問題教師であるかのように報道されことがあります。しかし、堂々と教師であることの誇りと喜びを胸に、子どもに接することです。

★………教師の責任を新たにする機会に

　職員室を見回してみましょう。どの教師も真面目で、誠実に、教師という仕事に取り組んでいるはずです。

　いわゆる「問題教師」と言われる人は、ごく一部の限られた教師です。また、一般の人なら取り上げられない犯罪も、教師が犯すと、大々的に報じられる傾向もあります。つまり、それだけ教師という職業が、社会的な責任を負っているということの証拠です。ですから、問題教師の事件が報道されるのを目にしたら、自身の教師としての責任を新たにして、子どもへの指導により一層邁進する姿勢をもちましょう。

★………「自分という教師」で勝負する

　世間一般で言われるほど、保護者は教師のことを軽く見てはいません。反対に、我が子の担任だけは、素晴らしい教師であることを望んでいますし、応援もしてくれます。「教師は、保護者に信頼されない」という先入観をもって臨んでは、必要以上に保護者を恐れ、敵対者という感覚に陥ってしまいます。

　教師に必要なのは、「教育のプロとしての自信と誇り」です。若い時は技術こそ未熟でも、教育にかける情熱は誰にも負けないという自信と誇りをもっ

て、日々研鑽を積み、学んでいきましょう。

★········マスコミは味方

　事件が起これば、学校や教師を非難する報道が目立ってしまいますが、じつは新聞やテレビでは、先進的な実践でがんばっている学校や教師の様子が数多く報道されています。書籍も、学校や教師を応援する内容のものが数多く出版されています。

　マスコミを必要以上に拒絶せず、積極的に利用して、教師の取り組みや熱意をアピールすることも必要です。

＊日頃の取り組みの努力が、自分を守ることにつながる。

+ one point !

- **Step 1** 問題になっている学校や教師の報道から、教師の責任の重さをしっかり胸に刻むように習慣づけましょう。
- **Step 2** 子どもと保護者の信頼を得ることを目指し、自信をもって子どもの前に立てるよう、技術を磨く努力をしましょう。
- **Step 3** マスコミに取り上げられた近所の小学校の実践を調べて、自分の学校でも、何か参考にできないか、考えてみましょう。

column 6

受け入れることこそが
最大の防御

　ある時期まで、私は保護者や同僚からの批判を極端に恐れていました。今考えると、それは自信のなさの裏返しだったのだと分かります。相手の言葉の中に、少しでも私に対する不満や非難、批判めいたものを感じると、それだけで殻に閉じこもり、防御態勢になっていました。相手に攻撃されないように、相手を責めることもしばしばでした。

　修学旅行のグループ決めについて、ある保護者が相談があると来校してきた日のことです。それは、もっと子どもたちの意見を聞いて班決めをしてほしいという要望だったのですが、「学習のための班決めに、親が口をはさむなど、言語道断！」と、その時の私は最初から臨戦態勢で懇談に臨みました。「子どもが家で悩んでいる」と言われれば、「誰とでも勉強できるようになってほしい」とはね付け、「指導が厳しすぎる」と言われれば、「子どものために……」と、ひたすら持論を述べる。そんな対応をしてしまったのです。当然、保護者は徐々に感情的になっていき、ついには「先生は、何も分かってくれない！」と、怒って帰ってしまう始末。それでも私は、正しいのは自分であると、疑うこともなく自信をもって胸を張っていたのです。

「親も、無理を言っているって、分かってるんだよ」

　校長室に私を呼んで、校長がそう切り出しました。

「先生に受け入れてほしいんですよ。クレームを言ってくる親はね」

　頭を殴られた気がしました。親も悩んでいる。気持ちを分かってほしいと願っている。それを、正論ではね付けては、何の解決にもなりません。まずは受け入れて、距離を縮めてから、スタート！　そんな保護者対応の基本中の基本を教えられた出来事でした。

【著者紹介】

中嶋 郁雄（なかしま いくお）

1965年、鳥取県生まれ。
1989年、奈良教育大学を卒業後、奈良県内の小学校で教壇に立つ。
新任の頃より「子どもが安心して活動することのできる学級づくり」を目指し、教科指導や学級経営、生活指導の研究に取り組んでいる。
子どもを伸ばすために「叱る・ほめる」などの関わり方を重視することが必要との主張のもとに、「中嶋郁雄の『叱り方』＆『学校法律』研究会」を立ち上げて活動を進めている。
著書に『教師に必要な６つの資質』『その場面、うまい教師はこう叱る！』『困った場面、ズバリ解決！ うまい教師の対応術』『高学年児童、うまい教師はこう叱る！』（すべて学陽書房）、『教師の道標──名言・格言から学ぶ教室指導』（さくら社）など多数ある。

- 「中嶋郁雄の『叱り方』＆『学校法律』研究会」のブログ
  shikarikata.blog.fc2.com/

新任3年目までに身につけたい「超」教師術！

2014年11月10日　初版発行
2015年 8月 5日　 2刷発行

著者　──── 中嶋郁雄（なかしま いくお）

ブックデザイン ── 笠井亞子
イラスト ──── 坂木浩子
発行者 ───── 佐久間重嘉
発行所 ───── 株式会社 学陽書房
　　　　　　　　東京都千代田区飯田橋1-9-3　〒102-0072
　　　　　　　　営業部　TEL03-3261-1111　FAX03-5211-3300
　　　　　　　　編集部　TEL03-3261-1112　FAX03-5211-3301
　　　　　　　　振　替　00170-4-84240
印刷 ────── 加藤文明社
製本 ────── 東京美術紙工

©Ikuo Nakashima 2014, Printed in Japan
ISBN978-4-313-65268-2　C0037

乱丁・落丁本は、送料小社負担にてお取り替えいたします。
定価はカバーに表示してあります。

大好評！　中嶋郁雄の「うまい教師」シリーズ

その場面、うまい教師はこう叱る！
◎ A5判128頁　定価＝本体1700円＋税
とっさのこの一言が子どもを変える！
困った場面をうまく叱りたい教師必携の一冊。

そのクレーム、うまい教師はこう返す！
◎ A5判128頁　定価＝本体1700円＋税
保護者から信頼される教師になるための、
知っておきたい保護者対応の基本がわかる本！

仕事がパッと片づく！　うまい教師の時間術
◎ A5判128頁　定価＝本体1700円＋税
年間のダンドリから毎日の仕事のこなし方まで、
忙しい教師のための人生を変える時間術！

そのクラス、うまい教師はこう動かす！
◎ A5判124頁　定価＝本体1700円＋税
クラスをリードし、子ども集団をうまく動かす力が身につく本。
すぐに実践できる方法が満載！

困った場面、ズバリ解決！　うまい教師の対応術
◎ A5判144頁　定価＝本体1700円＋税
授業、生活指導、休み時間、保健・給食……どんな教師も
一度ならずと直面するクラスの"問題"をスッキリ解消！

高学年児童、うまい教師はこう叱る！
◎ A5判176頁　定価＝本体1800円＋税
叱ることが苦手な教師でも、バシッと伝わる効果的な指導術、
すぐに生かせるワザが満載！　男子編、女子編と細かくフォロー。